線上教學 × 課程製作全攻略

彭其捷 ──── 著 ──── 郭俊東

推薦序

快速建構屬於你的線上教學工作知識系統

江前緯／Hahow好學校共同創辦人

比起傳統的教學，線上學習打開教與學的限制，擴展身分、空間、題材的想像，讓學習回到個人、自主、多元，找出最適合的方式。Hahow好學校創業的初衷，是希望從學習的目的、教與學的對象身分，都能有更多元的開展。不希望社會上用類組、科系框架住了學習，想要打破知識的限制、打破「誰能當老師」的框架，讓任何人都可以當學生，也讓任何人都能當老師，只要有才，就能錄製影片、線上募資、開課，讓知識得以流動。最終，知識與學習將引領人們能找到自己適合做、喜歡做的事以及有價的事，並帶給自身開心及滿足感（Ikigai），讓熱情帶你到更遠的地方。

線上課程平台舞台的提供，讓很多人願意透過課程集資來分享他會的東西，而集資本身是一種工具，能把那些以往被當作「少數」、「非主流」的人集合在一起，但「教」與「學」的本質並未因此被改變，老師的表達能力很重要、學員的課後作業練習也很重要。因此，以Hahow來說，課程能不能長銷熱賣，創作者所應該具備的幾個關鍵點：

- 教學經驗是否豐富？
- 有沒有產業和實作上的可信成績？
- 有沒有累積出一群上過課程、感受過講師魅力的學生？
- 對線上工具的熟悉度高不高？
- 是否願意持續經營這堂課程？

● 在專業領域是否願意持續進步和累積？

　　我們認為以上關鍵點是現代教學者應該具備的特點，是否有名氣和流量則未必重要，有些講師過去市場並不知道他是誰，但是從作品集、代表作、經歷等資料，可以看到他就是某個領域萬中選一的專家，只是過去忙於累積產業上的專業、精進自己的能力，而沒有被認識。

　　因此，本書作者從過往製作過多堂線上課程的經驗中萃取出系統性的介紹，從新手起步的個人經營、線上教學過程中的互動技巧與成功心法、課程製作知識架構與課程企畫的技巧到課後經營，堪稱線上教學創作者的「攻略大補帖」，非常推薦給有意打造自身知識品牌的創作者、想要優化課程成效的教學者，或想一窺線上學習產業者作為指引手冊閱讀、收藏。

推薦序

新手與資深教師皆適用的線上教學攻略

原詩涵（喊涵）／透鏡數位內容創辦人

　　在數位轉型與新冠疫情的衝擊下，人們的學習習慣從單一媒介，轉變為混合式的學習方式。過去想學新技術，多半會選擇實體課程；但現在，人們會視需求情境而定，例如想快速取得特定領域的攻略方法，就會選擇預錄影片；想在家學習，又希望能與老師互動，就會選擇直播課。

　　本書作者精通預錄影片與直播課兩種線上教學方式，並兼顧體制內老師與商業市場的知識型個人品牌教學者需求，詳盡拆解線上教學的每一項步驟。無論你是線上教學新手，還是有經驗的老師，都能從中獲益。

推薦序

75個QA完整解析，線上課產製銷一次學會

齊立文／《經理人月刊》總編輯

如果我不是因為在2023年下旬，在自家公司的「新商業學校」，嘗試錄製了人生第一門線上課，我應該不會拿起這本書來看，或許也不會想要推薦這本書。畢竟，在沒有需求和動機的狀況下，要去閱讀像攻略或說明書之類的內容，光用想的，就有點枯燥乏味。

然而，也正是因為我自己有過錄製線上課的經驗，並且在過程中「驚覺」線上教學與課程錄製的「大有學問」，涵蓋了諸多超乎想像的「複雜工序」，因此，如果我說這本書實用又好看，多少能增添幾分說服力。

一本攻略書，實用當然最關鍵。我在閱讀過程中，在學習到教學與製課的一套系統化方法的同時，也充分感受到兩位作者彭其捷和郭俊東的經驗豐富與思考縝密，幾乎將製作一堂線上課可能涉及的方方面面都考量到了，還都提供了具體的作法與建議。

對我更有實質幫助的是，這本書讓我「邊讀邊想」，有如圍棋的賽後「復盤」一般，我讀到每一個章節段落時，都會逐一盤點、檢核自己在參與線上課程時，有哪些環節疏漏了，又有哪些環節可以做得更好，完整了自己的知識和技能。

一本攻略書，好看也很重要。書中將課程製作劃分成啟動、企畫、行銷、內容製作、互動設計、內容錄製、課後經營等七大部分，以文字為主，穿插圖解和工具，每個部分都有線上課程市場的實例、作者的開課實戰經驗，更重要的是有許多貼心的小提醒，可以提供讀者決策評判的基準，或是避免誤踩雷

區。

　　比方說，書中有一段話，就說中了我當初在決策是否參與線上課錄製時的遲疑或不自信：「在人人可以錄影片的時代，線上課程的挑戰已經不是『是否能開設』，而是『開設後，是否真的有足夠學生參與？』辛苦製作的課程，最後參與的人數稀少，甚至無法彌補投入的製課成本，是許多講師擔心的事情。」

　　或許，你眼看著不少人開線上課、賺進億萬營收，興起躍躍欲試的心情；然而，即使人人都說你學養豐富、能言善道，你可能連開課的起跑點，都不算是站了上去，因為這些都還只是開錄一門線上課的部分基礎技能，你必須知道的事情、必須學會的知識和技能，還有很多。

　　跟著書中的章節，循序漸進地盤點你所擁有的資源，以及不具備的能力，從想課、寫課、開課、授課到售課，邊讀邊想，邊讀邊學，你就會更趨近於打造出一堂有學員埋單，又施展出自己看家本領的理想線上課。

推薦序

從入門到進階，帶你打造自己的暢銷課

鄭均祥／言果學習創辦人

　　近年營業額破新臺幣一億元以上的數位課程時有所聞，知識變現或「製作數位課程」蔚為風潮，但實際上，能夠販售超過新臺幣七位數字的數位課程屈指可數，其他大多數課程都是「波瀾不驚」，幾乎沒什麼人在意，箇中原因很多，而如何製作好一門數位課，絕對是其中很關鍵的因素之一。

　　這本書從如何評估自己是否適合做數位課程開始，到製作與行銷數位課程的方方面面，基本上是以陪伴者的角度，手把手帶你完成一堂數位課程，對於一位初心者而言是極佳的入門書；而已經有製課經驗、但仍想持續精進實力的讀者，也可以從4-1節的製課專業進入更細節的製課流程中與作者切磋。

　　我在人才發展領域已經超過十五年，深知一位專家具有「專業能力」與「會教學生」，是截然不同的兩件事。由於數位課程的特性，不論是錄播或者是直播，學生與你在不同的時空，對方可能關上鏡頭、一邊上網看網拍，或者自己在家收看線上課，對於內容一知半解卻無從得到解答，因此，對講師而言，更難掌握學員的學習狀態，能否在製課階段就將產品定位清楚，透過妥善的內容編排讓學習者更友善地進入學習流程中，就顯得更為重要，當然，這也會直接影響銷售量。

　　我與作者過去曾合作過數堂企業培訓課程，深知作者的專業能力，而且作者先前也有多堂課程在數位課程平台銷售佳績亮眼，理論與實務兼具，相信本書能夠帶給你最直接且真實的幫助。

推薦序

為「渴望深入線上教育領域的讀者」量身打造的書
Bernard／ALPHA Camp創辦人

在本書的作者們與ALPHA Camp（AC）的合作過程中，我對他們在數據分析與視覺化領域的專業知識和教育熱情印象深刻。能被邀請為這本書寫推薦序，深感榮幸。

AC作為人才培育單位，長期投入和產業界專家共同研發課程，我們知道要打造出高品質的線上課程實屬不易，而這本書正是針對「渴望深入線上教育領域的讀者」量身打造的。這本書以製作線上課程的生命週期作為主軸，來和讀者互動、深入探討課程籌備過程中會遇到的策略選擇與挑戰，像是：書中提到的Persona研究、課程問卷調查，都詳細地說明如何找到合適的課程定位，也是AC在研發課程時會遵循的法則。

這本書的特色在於結合了理論與實務，使用不同的思考框架引導讀者、提供策略性的建議，更重要的是透過作者們豐富的經驗，反映了「臺灣的線上教育環境和特色」，並結合豐富的實例和問答，為讀者提供了一個全面而實用的指南，也填補了目前市場上的空白，這本書無疑將成為在線上教學領域取得成功的重要工具。

這本書不僅對於準備踏入、剛踏入線上課程的人來說是一本實用的寶典；對於有經驗的教育工作者來說，也是一個非常重要的參考和提醒。期待這本書能對有志於投入線上教育、課程製作的讀者提供實質幫助，並對教育行業產生深遠的影響。

作者序

被線上課程改變的人生

彭其捷

　　「被線上課程改變的人生」，我想用這句話作為本書的開頭。一切的起點，來自於多年前收到某封 Email 標題：「彭其捷老師　線上課程合作邀請」，當時又怎能料想到，原來線上課程根本就不只是透過網路教學而已，而是一個從品牌、行銷、製作、剪輯的一條龍過程；覺得自己很幸運，有機會參與這趟旅程，也希望透過這本書，把過去的經驗更系統性地進行整理。

　　線上課程之旅中有許多感動，其中最有感覺的是逐漸建立了「知識創作者」的自我認同，發現到，原來投入時間梳理與分享知識，是這麼快樂的事情。此外，感念專業知識被更多人看到之外，甚至讓我擁有了「知識變現」的實踐機會，開啟了透過知識創業的斜槓人生。真心期盼，更多人都能透過線上課程，讓專業知識得到更好的分享舞台。我們現在能夠在網路上找到超多的線上課程選擇，甚至還能直接考取學位，這些景象在十年前都是不存在的。

　　然而，許多人真的是小看了線上課程的所需知識，以為只是開 Webcam，又或者是把影片丟到雲端／YouTube 上，就「覺得已經是線上課程」，並期待大家來上課。結果則是遇上「學生感覺都沒在聽」、「開了課程卻沒人參加」等等困境。我認為，學生對於線上課程的選擇非常現實，大家花了時間、金錢，就是希望能夠選擇到對的課程；在這幾年籌備線上課程的過程中，我也犯了不少錯誤，希望透過本書，將對應情境的挑戰、心法、攻略與你分享。

　　誠摯地希望本書能夠減少大家摸索的時間，引導更多專業知識工作者推出很棒的線上課程。感謝一起共筆的俊東，讓我對線上課程有了更立體的觀點。

作者序

Saving Lives Millions at a Time

郭俊東

　　學術工作者的天職，就是「服務、教學、研究」。在體制內的課程，也許不像商業課程需要募資或大量行銷，但在準備課程的過程上，同樣很需要課程製作技巧。目前教學環境逐漸改變，線上學習已是重要管道，我在線上課程所學到的技能，並不亞於在哈佛大學參加實體課程的訓練，甚至收穫更多。

　　在教學工作中，我經常需要教學統計分析和軟體操作，統計學中有些概念較為抽象，不易理解和應用，導致許多同學非常害怕和排斥，甚至會覺得自己程度很差。遇到這種情況，我會請同學先撕掉自我否定的標籤，很多時候學習上的卡關，只是缺少合適的引導。也因此，我很希望透過教學設計，讓學習和互動能更有趣，同時也能達到教學目標，幫助學生獲得必要技能。

　　而這樣的教學挑戰在線上學習的環境中將會更加明顯。如果實體教學效果已經有限，線上教學是否只會更困難？然而在我個人的經驗中，發現線上教學的效果居然可以更好，例如利用數位工具進行互動，分享畫面示範操作和畫圖解釋，或即時提供錄影作為複習，都能快速滿足學習需求，反而可以達到許多實體課程難以實現的成效。

　　撰寫本書的過程中，也是對過往累積的教學經驗做系統性的回顧，嘗試將方法和步驟梳理出來。教學的藝術博大精深，許多技巧我也仍在持續學習中，也非常感謝這次與其捷的合作，能結合彼此的做課經驗，一起統整線上教學的各個環節。本書透過幾個章節，分享了線上教學的內容設計和互動技巧，例如「Part 4 課程內容製作」，提出可用三階段的「PRO法」來建立課程的結構，讓

「學習重點」的串聯能夠直接對應到「教學目標」；而「Part 5 互動設計」和「Part 7 課後經營」，也都聚焦在如何提升學習的成效。

我常在思考，如果能設計更合適的教學內容來賦予學生，他們就能減輕對學習的焦慮，也有更多心力在工作上幫助更多人，擴大正向循環。在公共衛生領域有句格言：Saving Lives Millions at a Time，代表要追求的願景不只是一次幫助一個人，而是一次就可以幫助百萬人。而線上教學，正是可以用更有效率的方式，為更多人提供更多價值。

本書的分享，獻給每一位致力於線上教學、線上學習和課程製作的朋友，期望能為你帶來一些靈感和啟發。

目次

PART 1 課程啟動

PART 2 課程企畫

PART 3 課程行銷

PART **4** 課程內容製作

PART **5** 課程互動設計

PART **6** 課程內容錄製

PART 7 課後經營

前言

混合學習時代來臨

近年來，隨著數位與網路環境的發展，加上新冠疫情期間推波助瀾，許多課程從實體轉為線上教學，或是採用「Hybrid」的實體與線上混合學習模式，相對於實體課程，線上課程可反覆播放，並打破傳統教室學習的時空限制；然而，如此的轉變，對於學生來說，豐富了多元的學習模式，卻也帶給教學者許多新挑戰，包括：軟體操作、線上互動、課綱設計、學生反饋等等，對全球教學環境產生巨大影響。

另外，對於教學者來說，許多人深刻體會到「線上教學」與「實體授課」的巨大差異，例如：過往可以透過眼神確認學生的學習狀態，並彈性調整上課模式，但線上課程則更像是自說自話和自問自答，有時甚至要「想像」學生的學習狀態；線上的環境，看似讓學習變得更方便，然而如何兼顧教學者與學習者的雙向互動需求，仍然需要許多新的技巧來因應。

對於學習者來說，線上教學也讓學習行為更趨兩極化；有些人因缺少真人實體引導，導致注意力渙散，很多人會在電腦的另外一端開始滑手機、放空、分心，甚至直接退出線上課程包廂，學習成效打折；但也有另一群人，利用這個機會，善用線上課程的特性，達成更好的學習效果；過往許多課程，都需要在特定實體場域才能上到，而現在則可透過網路，彈指間參與全世界頂尖課程。學習者的行為、流程、結構，在這一波趨勢下有了新的面貌。

學習行為重組、知識話語權

　　過往大多數人的學習場域，是以自身所處機構（學校、公司等等環境）提供之實體課程為主，但在線上課程蓬勃發展的時代，無論是直播或是錄播課程，皆可透過網路輕鬆連線閱覽。此特性雖然選擇變多了，但同時也加深了學習者的知識焦慮現象，例如學習者常會習慣性地追蹤、收藏許多課程，並花更多時間確認「哪堂課程更值得學習」或「哪堂課程更適合我」，也因此口碑相傳、知名講師的課程將得到更多的關注與學生，而許多體驗不佳的線上課程則容易乏人問津。

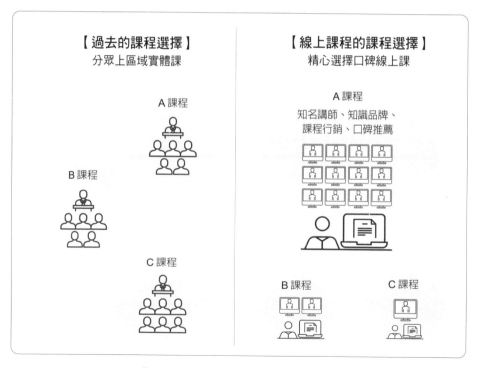

過去大多數人學習的資源來自於特定組織，但線上課程的時代，
有些學生會更傾向將注意力資源轉向口碑相傳的線上課程

相同主題，透過網路的催化，人們擁有眾多線上課程選擇，假設同樣投入三個小時學習，學生自然而然會優先選擇學習成效更好、更有趣的課程，讓線上課程出現了「知識話語權」的競爭現象，我們已經看到符合80／20法則的現象發生，優質課程將會得到大部分的關注，並利用取得的資源做出更多的行銷，以獲得更大的閱覽流量，而其他課程則可能會受到衝擊，甚至乏人問津，兩極化的現象非常明顯。

因此，如果想要往線上課程領域發展，如何梳理自身的知識架構，制定有效的課程定位，並製作出互動良好、符合需求的高品質線上課程，是現代教學者的重要課題。

知識網紅、知識品牌、知識變現

眾多線上課程平台的推波助瀾，促進了教學者明星化的現象，當線上課程的講者成為某個議題的意見領袖，學生也自然會選擇這些講師所開設的課程。因此，許多知識網紅興起，在特定領域累積品牌知名度，而後透過線上課程達成「知識變現」的目標，也就是將自身的專業轉換成線上教學課程，透過網路平台持續進行銷售；有些課程甚至達到百萬、千萬，甚至破億的銷售金額，然而大多數課程並無法順利達成理想的銷售狀況，形塑「大者恆大」的商業市場現實。

究竟這些成功的線上課程做對了哪些事情呢？常見的因素包括：講者的聲量與信任度、正確的市場題目，以及對應的課程規畫等等技巧。線上課程的學生們必然會針對課程進行比較，而那些已經被信任的課程、講師，通常可以有更長久的長尾銷售成果；然而對於新興講師來說，則需要一些時間累積聲量，達成線上課程的良好轉換率，本書也將分享相關技巧。

直播課程、錄播課程

線上教學主要可分兩分類，分別為「直播課程」與「錄播課程」。「直播課程」主要透過像是Google Meet、Zoom、Teams、YouTube等環境，搭配視訊鏡頭來進行課程講述，雖然教學形式類似於實體課程，但是因為缺少現場學員的互動，通常需搭配更多互動技巧，確保學習者的持續專注力，例如結合電子白板等數位工具進行輔助教學，讓學習跨越地理位置的限制。

而近年興起的「錄播課程」則是指教學者預先錄製一系列課程影片，讓學習者可以在自己選擇的時間觀看；對於學習者來說，可以重複觀看，針對重點知識反覆學習；但也有許多人取得／購買課程後，就因為忙碌等原因一直放著忘記看，導致較低的課程完成比率。

從商業的角度來說，「錄播課程」在近年掀起了許多討論，因為一旦課程上架到平台，學生只要透過網路就可完成購買、上課的行為，銷售上可達成指數型的被動收入形態，也確實產生許多堂銷售千萬甚至破億元的課程，成了吸引許多人想要投入課程產業的重要原因。

——————— 線上課程的兩大分類 ———————

	直播課程（同步）	錄播課程（非同步）
進行形式	較類似實體的模式，但改於線上包廂進行。	講師預先錄製一定長度內容，並放置於某個線上網站，供學習者瀏覽。
核心優點	相對於實體課程節省通勤時間，且提供較接近於實體的互動品質，臨場感相對錄播課程較好。	學生可於指定時間隨選即看，也可根據需求重複閱覽。
核心缺點	無法重複看，且相對於實體課程，專注度較低，講師需要時常互動來提升學生的上課品質。	因課程為錄播，學生忙碌時就會一直放著，導致最後都沒有看。

線上教學 × 課程製作全攻略

線上教學的趨勢變化下，學習的面貌有了大幅改變，學生們可以脫離本身的組織限制，找尋世界級的線上學習資源；而講師們若能夠有效地組織自身的教學經驗，並製作出優質的線上課程，也將能從眾多選擇之中脫穎而出，觸及更大的學生群眾。

本書兩位作者，具有許多線上教學和課程製作的經驗，在過程中著實踩過不少雷，也形塑了這本書撰寫的起心動念，希望將過往遇到的各類挑戰與突破方法進行彙整，提供未來的線上課程講師們一些參考指引。

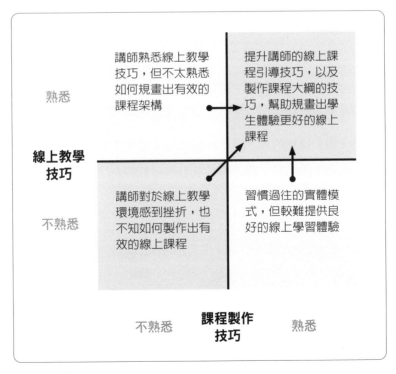

本書的目標，分享「線上教學」與「課程製作」技巧，幫助講師了解製作線上課程的各個環節與挑戰

本書主要從講師的第一人稱視角作為核心觀點，彙整「線上教學」與「課程製作」的相關技巧；「線上教學」彙整了教學過程中的互動技巧與成功心法，例如線上平台的選擇，甚至是相關教學輔助的軟硬體等；而「課程製作」則著眼於知識架構與課程企畫的技巧，像是如何做出符合自己的特色，又滿足學生需求的課程架構與內容；期許讀者能夠透過本書經驗分享，了解線上教學工作者的經驗法則，縮短摸索期間，減少冤枉路、避免踩雷等等，甚至進一步發展成為某個知識領域的意見領袖。

本書的目標讀者

這本書希望獻給「每位想要了解線上課程產業」的人，例如：

● 正在做／未來想要做線上課程的人
● 想打造知識品牌的人／期待達成知識變現的人
● 喜愛上線上課程的人／想了解課程是如何產生的人
● 喜愛分享知識／想了解如何錄製教學影音的人
● 正在被學校強迫（？）錄製線上課程的老師們

只要你對線上課程產業有好奇心，期許這本書能提供你一些靈感觀點。本書希望引導讀者思考：為什麼要做線上課程呢？過程中可能會面對哪些挑戰？需要如何規畫投入的時間資源？有哪些因素會影響學生的線上學習體驗？進入製課階段後，又將遭遇哪些魔王關卡，對應的策略為何？

本書彙整了我們這幾年做線上課程所遇到的挑戰跟心得，期望能提供一本線上教學的參考攻略。雖然市面上有類似主題的書籍，但大多是翻譯書，我們希望做出一本具有臺灣本地講師觀點的系統化書籍。

本書架構與閱讀方式

本書共切分為七大章節與附錄，主要按照製作線上課程各項任務發生的順序進行編排，包括了課程啟動、企畫、行銷、製作、錄製，以及最後的課後經營。下表整理了每個章節的內容重點。

章節編號	名稱	說明
Part 1	課程啟動	引導線上教學起步階段的重要思考，包括：為什麼要做、課程特性與製作流程等等。
Part 2	課程企畫	說明線上課程的企畫流程與企畫書撰寫引導。
Part 3	課程行銷	介紹線上課程的早期推廣策略，以及行銷思考點。
Part 4	課程內容製作	說明線上課程的內容結構規畫方法，以及簡報製作之心法。
Part 5	課程互動設計	如何在線上課程提供互動體驗，提升學生的學習體驗，也介紹了相關互動輔助工具。
Part 6	課程內容錄製	說明線上課程影片的聲音錄製、影像拍攝、後製剪輯等技能技巧。
Part 7	課後經營	說明課後的經營任務、作業設計與延伸學習引導方法。
附錄	線上課程平台介紹	介紹國際與臺灣的線上課程平台，以及可自助上架的課程平台工具。

> 本書章節結構設計，主要按照課程製作會遇到的任務先後順序編排

希望能夠透過本書的經驗分享，幫助讀者更了解線上課程的籌備細節，也可避免遇到作者曾經犯的錯誤；期待讀者有機會親手製作出精彩的課程作品，將專業知識分享給更多人。

PART 1

課程啟動

本書的第一個章節，將從課程啟動切入，在初始階段有哪些重要任務呢？第一個段落「1-1 從我開始」，希望引導讀者從自身開始思考，為什麼自己會對線上教學的相關知識感興趣，製作課程的動機又是什麼呢？「1-2 線上課程的特性考量」則介紹線上教學的幾項重要屬性，像是體制內課程、商業市場課程的差異，或是直播與錄播課程的特性差異等；「1-3 課程籌備流程」將與讀者分享線上課程製作流程，並說明本書各章節結構的設計重點。

1-1

從「我」開始

正在閱讀此書的你，是如何看待「線上教學」與自己的關聯性呢？大多數人是從「學生」的視角來看待課程，但本書則希望分享自身課程製作的經驗，帶領讀者轉換至「講師」的視角（本書兩位作者都是課程講師）。

在線上教學的啟動階段，希望引導讀者自我思考：「我是否困擾於線上環境教學，或是曾想要製作線上課程呢？」或許你原本就有許多實體教學經驗，然而當場景轉換為線上環境時，又將遇到哪些視角差異？本段落提出初始階段的五項關鍵自我提問，分別為：

- Q：我為什麼要做線上教學？
- Q：我的角色適合做線上教學嗎？
- Q：我適合教哪些知識內容呢？
- Q：除了專業技能外，我還需要擁有哪些技能？
- Q：我沒有名氣，也能擔任線上課程講師嗎？

前四項提問從原因、角色、主題、能力切入，第五項則是許多人好奇的問題，是否素人也能開設課程呢？稍後段落會分享筆者的一些想法。

—————— 進行線上教學的思考重點 ——————

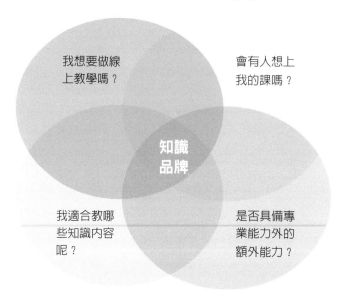

開設線上課程,如果能夠想清楚自身的知識領域特色,甚至將自己經營為一個知識品牌,更能夠從眾多選擇中脫穎而出

Q1 我為什麼要做線上教學?

在進行線上教學之前,可以思考自己想學習做線上教學的原因,分享 Simon Sinek 在暢銷書《Start with Why》中提到的黃金圈理論,由內到外依序思考 Why、How、What。書中後面的章節,會逐步分享許多「How:如何製作線上課程」,以及「What:要教什麼」的課程規畫心法;然而回到起點,許多人並沒有想清楚自己「Why:為什麼要做線上課程」。

有時會在網路上看到一種說法:「每個人都可以成為線上課程講師!」然而筆者並不全然認同這個觀點。當所有的課程都變成一個 Click 可以連結到,線上課程必然需要面對眼球競爭,講師是否有熱情、有料,以及是否真的能夠

滿足學生的學習需求，是具有高度挑戰性的事情，你準備好迎接這個挑戰了嗎？

關於線上課程的「Why」，筆者認為有四種思路方向可供讀者參考，分別為：

一、工作上有需求
二、本身就熱愛教學與分享
三、取得主動／被動課程收入
四、想要打造知識品牌

工作上有需求

因應世代轉變，尤其是疫情後，更多人／組織了解到線上課程的方便性以及成本節省的優點，而轉安排為線上課程，所以許多講師也被要求改用線上的方式教學、授課；然而相關問題也會浮現，像是：「要用哪套直播／錄製軟體呢？」「看不到學生，怎樣與其互動呢？」「如何設計線上作業呢？」等等。即使你並非想要透過線上課程來賺取收入，許多工作場域也開始要求教學者同時具備線上教學的能力。

本身就熱愛教學與分享

如果對於教學本身很有熱情，透過線上課程的方式分享，相對於實體課能接觸到更多喜愛你的課的人，這件事情本身就是很好的動機與結果！最簡單的線上課程是採取直播的模式，透過像是YouTube、Google Meet等工具，就能將你想分享的知識傳播到世界其他角落；也因此許多人都透過YouTube開設相關的知識性頻道，進行教學與分享。

取得主動／被動課程收入

　　線上課程已經逐漸發展成為成熟的內容市場，許多人已經習慣透過網路購買想學習的課程主題，若能吸引到一定的學生數量，很有機會取得超過正職工作的財務報酬；而如果課程很有料，被持續分享，或是搭配有效的行銷策略，甚至能取得高額或指數成長的被動收入，這也是很務實的開課動機！

想要打造知識品牌

　　此外，當開課的講師專業度成功取得了市場信賴，將會收到許多出書、演講、專欄，或是有趣的企畫邀約！開設線上課程也是講者打造「知識品牌」的絕佳路徑，讓更多人看到你的專業。

　　然而，成功絕非唾手可得，對於線上課程的學生來說，是懷抱著理想，希望透過參與課程，讓自己變得更厲害；而擔任講師的我們，是否有信念，也願意投入大量時間，製作出有料的內容呢？換句話說，學生們真心渴望向某個領

筆者開設了線上課程後，後續收到非常多相關的企畫邀約
（圖片來源：https://hahow.in/cr/data-tableau）

域頂尖的講師學習，甚至付出幾千、幾萬元的費用，而粗製濫造的課程，將在競爭白熱化的線上課程市場迅速被淘汰。

TIPS

知識品牌創作者建構線上課程有很好的財務優勢，辛苦錄製完一堂課之後，後續每多一筆訂單，幾乎不需要再付出更多的成本，也可成為打造個人品牌的重要槓桿。然而學生也會仔細比較所有類似課程，越是廣泛、主流的題目，例如 Excel 操作、簡報課程等，則必然需要面對消費者對於講師知識品牌的比較與挑選。所以，不妨也思考看看，你是不是有一些獨特的能力，能夠吸引別人想跟你學習？即使這項能力不在主流市場也沒關係，反而擁有競爭較少的優點。

Q2　我的角色適合做線上教學嗎？

很多人以為線上課程的講師，大多是由原本就擔任教職的人，轉做線上課程，而自己距離「成為線上課程講師」非常遠，這是一個常見的誤會！線上課程講師，不一定都是體制內講師轉換的，反而很多是原本具備有特定專業技能，而後才透過開設線上課程來分享知識！

也就是說，線上課程講師，其實並沒有特別侷限特定的職業形態，任何職業，只要具備專業能力，就有機會開設線上課程。然而，根據筆者的觀察，有幾種類型的職業確實是現在特別需要線上課程知識的常見族群，像是「教職人員」、「企業／組織內部講師」及「職業講師」等等；此外，筆者也觀察到，近年興起的「遊牧工作者」，也是線上課程講師的常見族群。

── 四種常見的線上課程教學角色 ──

期望	期望	期望	期望
希望提升線上教學的品質,提高評價並吸引更多人來上我的課。	希望透過組織內資深同仁的經驗,錄製為數位內容,培訓基層人員。	希望透過線上課程,更有效率地傳承工作與技能的實務經驗,建立知識品牌。	渴望自由自在的生活形態,透過線上課程、知識變現來取得財務報酬。

教職人員　　　　企業／組織　　　　職業講師　　　　遊牧工作者
　　　　　　　　內部講師

一、教職人員:將過往課堂知識轉換為線上內容

　　教職人員泛指在各層級學校體制內擔任教師或大學教授,在線上教學越來越普及的情況下,逐漸需要因應教學組織的政策及數位教學趨勢,進行線上教學,或是製作線上錄播課程。

　　早在十多年前,美國就從大學端開始推動大規模開放線上課程(Massive Open Online Courses, MOOCs),最知名的像是2012年哈佛大學和MIT合作推出的edX平台以及史丹佛大學推出的Coursera平台,許多課程是由大學教授的實體課程轉換為線上課,讓全世界的人,不論身在何處,都能透過網路接觸世界一流的頂尖課程。目前臺灣也有許多大學推動開放式課程,例如:臺大開放式課程(OpenCourseWare)、臺灣大學EDU頻道、清華大學MOOCs,將影片放置於YouTube頻道或自有平台,學生只要透過網路,就能學習各類課程(可

延伸閱讀「附錄：線上課程平台」，有相關線上課程平台的完整資訊整理）。

此外，近年來也有越來越多教師自發性地將課程內容和學習資源上線到個人網站平台或是YouTube等影音平台，作為教學的輔助資源，再加上2020新冠疫情推波助瀾，在後疫情時代之下，各級學校對於線上學習需求也大幅提升了，特別是大學高等教育體系，越來越多課程將內容線上化，學生可透過線上環境學習課程內容；此外，線上搭配實體課程交錯的混合式教學（Hybrid Teaching）方式也逐漸流行。線上課程的規畫技巧，是現代教學工作者不可或缺的必備技能。

二、企業／組織內部講師：傳授特定工作經驗

我只是組織內部員工，也可能需要透過線上課程分享知識嗎？當然是YES！許多人在工作崗位上，因為擁有更多的工作經驗，會被組織要求進行授課，分享自身的知識，此外，企業／組織時常會需要安排教育訓練來培育企業員工，若是與公司工作高度相關的教學主題，許多也會請組織內資深同仁，將其錄製為數位內容，用以培訓基層人員，方便重複觀看來提升工作職能；此外，遠端工作的模式盛行，許多原本實體的分享、教學場景也有線上化的趨勢。

因此，即使是企業內部員工，現在也很常會被要求透過直播或錄播的模式，建立教育訓練的教材，省去重複講述相同內容的時間成本。對於企業而言，實務工作中的寶貴經驗需要保留和傳承，線上課程是達成這項目標的絕佳方法。

三、職業講師：建立知識品牌

讀者有聽過「職業講師」這種職業嗎？與組織內部講師類似，但是比較類似外部的顧問講者，筆者也曾擔任此類型的工作者，以業界專家身分，針對企業／組織需求進行授課，曾經擔任過超過一百個組織的課程講師。俗話說「術

業有專攻」，職業講師大多是在特定領域（例如：會計、程式、設計、領導等）有多年實務經驗的人，從而建立了知識品牌，許多組織會特別聘請此類職業講師進行授課，分享專業經驗。

職業講師在近幾年（尤其是疫情後），被要求透過線上模式進行授課，企業有時會考量受訓的人數與成本，將部分課程線上化；例如三百個人的課程，過往要租用較大的場地，但現在只要透過像是Google Meet、Zoom等工具，不論在世界各地，都可透過網路參與課程，不再受到地理位置的限制，甚至也能進行海外授課等。

TIPS

職業講師的線上教學，因受訓組織員工大多已經十分忙碌，主流上是以「短時數」或是「中時數」的長度為主，例如六十分鐘的短講，或是半日（三小時）、全日（六或七小時）課程為較常見的規畫，目標是讓員工不需投入過長時間，並賦能提升競爭力，這很依賴職業講師的線上教學課程規畫能力。

四、遊牧工作者：實踐更自由的生活形態

除了以上三種核心線上教學工作角色外，想介紹近幾年衍生出的第四種特別角色，是「遊牧工作者」，有人也會稱其為數位遊牧（Digital Nomad）工作者；指的是擺脫傳統固定地點的模式，採用全遠端的工作模式，也有人稱為「邊旅行邊工作」的模式。而知識內容創作者、線上課程講師就是常見的遊牧工作者，因為只要擁有網路環境，不論在世界各地，都可透過線上教學完成相關工作，取得相關的財務收入，是非常自由的工作形態。

美國專欄作家Marci Alboher在2007年的著作《One Person/Multiple Care-

本書作者，也時常於不同國家出沒，進行線上教學（左圖：曼谷的共享辦公室進行線上教學；右圖：在挪威的咖啡館準備課程）

ers》[1]中，指出斜槓模式中常見的組合為：「寫作＋教學＋演講＋顧問」；指出這四種價值輸出方式可以形成良好的正向循環，而在遠距教學無遠弗屆的今日，若能結合「線上教學」的方式來體現價值輸出，突破空間的限制，也能打響知識型個人品牌的威力。

TIPS

近年來很流行「一人公司」模式，也就是由「個人」或「小團隊」為主軸來運作商業模式，是一種刻意維持小規模，但保持高度彈性和效率的經營模式。而線上教學的工作者，許多人也是採用這種一人公司思維的方式經營。

1　Alboher, M. (2007). *One Person Multiple Careers: A New Model for Work/Life Success*. Warner Business Books.

Q3 我適合教怎樣的知識主題呢？

許多人苦惱於如何選擇適合自己的課程主題，甚至懷疑自己有資格講這個題目嗎？選擇題目確實是線上教學起步的挑戰。然而，正所謂「好的主題帶你上天堂」，如果選到了不適合的主題，後續會帶來許多挑戰與痛苦，除了需要面對學生的負評之外，課程也將不具備競爭力，而被市場所淘汰（招募不到學生）。應該如何選擇適合自己的教學主題呢？以下分享四種思維技巧：

一、「我擅長」＋「我想分享的」是什麼呢？

最簡單的主題構想策略，是將自己原本就擅長的東西放上網路分享。對於本來就是實體教師的工作者而言，直接將實體課程轉換成線上教學相對單純；然而，如果是想要放到商業市場上，供消費者選購，則還需要考慮市場面的競爭，這時候可以先逐項問問自己：

- **自我提問一**：我比別人更厲害的知識領域在哪裡？
- **自我提問二**：承上，這些領域中，哪些是我特別喜愛分享的主題？
- **自我提問三**：承上，這些領域中，我常常得到聽眾好評的題目為何？
- **自我提問四**：承上，如果是要開立商業市場課程，我是否有信心比既有的課程講得更好，或是更有特色呢？

要通過以上四項思考並不容易，尤其是第四項，許多符合商業市場的剛性需求課程，大都已有對應課程可滿足學員，再要談類似主題，可能會有人覺得「又來了」。例如先前很流行開設「語言」類型的線上課程，倘若你又想要開一門新的語言課程，除非自帶流量（有鐵粉），不然會需釐清與既有課程的特色差異，若你自己都分不清楚，就更難說服學員受眾報名課程了。

線上課程並非都需要超大的願景（例如：轉職 AI 工程師），也可以是細分為範圍較小但更精準的學習主題（例如：如何用西班牙語進行日常對話？如何利用 Excel 進行樞紐分析？如何製作頂級的馬卡龍？如何書寫藝術字體？），如果這些局部優化技巧，正好符合你的強項，也很適合作為課程主題！

二、我的 Ikigai（生き甲斐）是什麼？

關於授課的主題，也可以用「Ikigai」精神進行思考。Ikigai（生き甲斐）是日本文化中的一個概念，它指的是一個人在生活中所追求的意義和目的。Ikigai 精神通常與以下四個方面相關聯：熱愛的事情、擅長的事情、符合這個世界需要的事情，以及獲得報酬收入的事情。

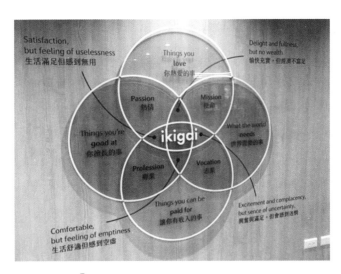

於線上課程平台「Hahow 好學校」辦公室所放置的 Ikigai 精神看版（拍攝：彭其捷）

Ikigai精神很適合搭配線上教學工作來進行思考，也就是你的教學主題，理想上最好能兼顧：「熱愛」、「擅長」、「真的能夠幫助到人」、「能夠轉換為實質收入」，而這樣子的方向也不容易思考出來，因為有許多主題可能只符合其中二到三個項目，但如果希望累積真正適合自己長期發展的知識系統，當四個條件都吻合，更是適合你的絕佳主題。

如果找到了符合Ikigai精神的教學取向，卻已經有類似課程，該怎麼辦呢？筆者的建議是放手去做吧！因為市場還是會歡迎更有品質、更新的課程。以個人主軸來考量，對於某個主題越喜歡，掌握度越高，也同樣可以慢慢摸索出更細分的合適主題。長期來看，如果持續發展符合Ikigai精神的主題，甚至贏得許多鐵粉，更能夠跳脫市場限制；就像是許多人喜歡聽某個歌手的音樂，當該歌手未來推出取向不同的音樂時，鐵粉也是會愛不釋手的。所以如果讀者有符合Ikigai精神的教學主題，建議你大膽追求吧！

三、我能夠幫助學生完成哪些作品？

如果透過上面的技巧，讀者依然困擾，找不出自己想講述的主題，也可以用務實的「作品最終成果」來構想，或可稱為「以終為始」的發想技巧，從最終的作品或成果來回推教學的主題；舉例，如果你透過多年磨練，有能力做出如：絕佳設計感的海報（海報設計課）、強壯的身材（健身課）、精緻的杯子蛋糕（甜點課）、思維縝密的數據分析報告（思維與軟體操作課）、曾取得專業PM證照（管理證照課）等等，這些技能可能是你在職場多年累積下來的能力，且曾經得到許多讚許；這些實戰的技能，同樣是線上課程市場非常主流的學習內容！學生也會因為這些成果而被吸引，並參與你的課程。

四、尚未滿足╱新浮現的學習需求

在早期的線上課程市場，擁有許多的知識缺口，所以只要針對尚未滿足的需求，就有很大的機會吸引到許多學生參與；然而，幾年過後，大部分領域的知識缺口都已經被填補，線上課程市場競爭進入白熱化，就算你擁有絕佳的專業能力，但不一定能提供有別於既有課程的學習範圍，這樣的課程就算推出，學生也需要花比較多的心力進行比較、考慮。

然而，學習的板塊是動態的，例如2023年度時，突然興起一陣ChatGPT╱AI熱潮，有許多講師抓緊了這個機會，盤點相關知識結構，馬上推出相關課程，也確實吸引許多學生的參與；學習需求是動態且瞬息萬變的，如果你擁有別人不存在的眼界，更早看到一個「未被滿足╱新浮現」的學習需求，也很適合作為課程的主題方向。

Q4 除了專業能力外，還有哪些是線上課程講師的重要能力？

前述幾個段落，反覆提到「專業能力」是一切教學的基礎，也是學生追隨講者學習的最核心，然而線上教學相對於實體授課的環境，除了授課專業之外，筆者認為還有一些重要的附加能力，對於開設線上課程都有很大的幫助，如以下列出的「數位能力」、「互動能力」、「社群與人脈能力」、「時間管理與製課管理」等四項。

數位能力

數位能力指的是熟悉各類數位教學工具的操作，像是直播工具：You-Tube、Google Meet、Zoom等等，其他還包括一些教學軟體、攝錄影體、網路

互動小工具等操作。線上課程講師，相對於實體課程講師，需要更熟練的數位和網路技術能力，來提升線上教學的體驗，讓教學過程更順暢。

線上教學講師，時常需要同時控制多種數位軟硬體工具，例如直播軟體、電腦、平板、視訊鏡頭、麥克風、光源等等（此為本書作者錄製課程時的側拍畫面）

互動能力

互動能力指的是與學生互動的技巧，在實體課程中，許多講師站在台上充滿魅力，加入許多肢體展演技巧，讓聽眾感覺如沐春風。然而，線上課程在互動層面更有挑戰，由於線上課程不像是實體課程，能夠馬上與現場學生進行互動，即時了解對方的需求，所以更需要刻意互動，來提升學習體驗。

在線上課程中，不論是直播或是錄播課程，仍然有一些對應的互動設計技巧，甚至需要搭配一些軟體（像是抽籤、播放影片），好在學習過程中給予學生更良好的課程體驗，相關技巧我們會在本書的「Part 6 課程互動設計」進行分享。

社群與人脈能力

　　許多線上課程的募資活動，在開始的前幾小時就超越達成的學生人數門檻，這是為什麼呢？常常是跟長期累積的社群經營與人脈有關。

　　尤其對於募資課程來說，每堂線上課程的起步階段格外重要，許多人會觀察這堂課程是否能夠在剛開始時，就吸引到一定的學生人數，講者如果有花心思經營社群，會是很好的學生來源起跑點。如果讀者想要開設課程，可以在更早期就開始經營社群，這樣課程在開跑時（例如啟動募資時），就能夠透過像是電子報、社群貼文、Email等等方式，吸引到這群人的注意；或是在課程頁面上，放上過往學員的好評，以增加課程的吸引力。

　　此外，專業領域的人脈，也可能是線上課程講師的能力；講者如果本來就在特定領域擁有許多的名人夥伴，在課程頁面就可以放上這些名人的好評文字，就像是成功案例般，在課程進行宣傳時，可以提升猶豫中學員的信任度。更多關於社群與人脈的技巧，會於本書的「Part 3課程行銷」進行說明。

時間管理與製課管理

　　最後一項能力，是關於「時間」與「課程製作」的管理能力。製作一堂高品質的線上課程，筆者認為難度並不亞於寫一本書！建議預先留下足夠的時間來製作，已經有許多的案例，是課程無法如預期的時間完成，很容易得到學生的負面評價。此外，線上課程也涉及大量錄製檔案、聲音檔案、字幕檔案的製作、輸出、上傳等，如果能有良好的數位檔案管理能力，將更為順暢。

　　線上課程製作涉及到知識創作、組織的過程，經驗上來說，短短十分鐘的教學影片，前前後後的製作時間，筆者會抓大約十小時的預期投入，其中包括：課程企畫、需求對焦、教材準備、課程錄製、影音剪輯、課程上架、客服回覆等等，絕大多數資源較少的講師，可能會需要「親手完成」大部分的流

程，製作門檻相當高；此外，一堂課程的製作期，可估算約四到八個月時間，中間也可能會發生市場學習需求板塊的變化，需要動態調整、更新課程內容。

TIPS

這裡有一個提醒，除了管理能力外，請建立良好的「檔案備份」習慣；由於線上課程的檔案是以數位的方式保存，是團隊付出幾百甚至是上千小時的心血結晶，如果遇到硬碟壞掉、電腦被偷等等事件，導致檔案遺失，是非常可惜的事情！筆者所有的課程檔案，採用的是全自動雲端備份的架構，只要是放置在電腦特定專案資料夾裡的檔案，都會自動複製一份在雲端硬碟中，會比較安心。

Q5 我沒有名氣，也能擔任線上課程講師嗎？

當想要邁出課程製作的第一步時，許多人會馬上自我懷疑：「我是素人，沒有名氣，也能成為線上課程講師嗎？」如果線上課程講師本身就是「知識品牌」，擁有一定的知名度甚至是粉絲流量，確實更容易開設課程；此外，開課平台也會評估講師的知名度，來判斷是否合作製作課程。

而根據我們在網路上所看到的各家線上課程，也確實許多講師已經具有一定的知名度，那些沒有經驗的新手講師真的能夠順利開設課程嗎？又該如何邁開第一步呢？新手講師於起步階段很容易遇到流量挑戰，有時則是會高估了自己的線上教學經驗（大多為實體教學經驗）；以下有一些建議提供給新手講師，可相輔相成、逐步累積製課經驗與學生粉絲：

● **累積教學經驗**：即使你已經是某個領域的專家，也建議先累積一些教

學經驗（並非每個人都喜歡或適合教學工作），如果能以實戰擔任講師的機會最好，或是也可以從開設免費讀書會、分享會開始，找尋志同道合的學習夥伴，透過回饋持續精進教學技能。

● **嘗試製作影片**：也可先測試自己是否擅長製作教學影片，例如嘗試錄製教學影片上傳到YouTube，並先分享給熟悉的朋友，取得相關反饋，做下一輪的優化，重點是要將知識或教學成果分享給別人看，測試回應並累積自信心；此外則是可以練習剪輯的技巧，或是累積與剪輯師合作的經驗。

● **部落格與電子報**：非常推薦！此兩種方法幾乎不需立即的金錢投入（主要是時間成本），還能透過持續累積與發布，養成「持續輸出」的習慣，同時累積自己在相關領域的實力與知名度；文章品質好的話，甚至可能得到主動關注與邀約，進入正向循環。筆者也是因為出版多本書籍，而得到了線上課程團隊的邀約，而後展開了線上課程的製作旅程。

● **公開分享作品**：如果你的作品超強，甚至能夠讓許多人圈粉的話，請大膽分享刊載作品集吧！這種方式除了能吸引到學生之外，同時也很有機會被課程平台看到，進而收到相關開課邀約；至於要在哪裡分享呢？可以先從一些有心理安全感的地方開始，例如個人社群帳號（臉書／IG）等，如果更有信心的話，可以張貼作品到各類的專業社團，主動出擊！

● **參加專業競賽**：參加領域競賽，若能得到大獎，就是實力的保證，也是一種累積知名度的方式，許多學生都想要跟一流的專業工作者學習！這也將會是線上課程的重要賣點。

TIPS

雖然經營個人的知名度，對線上課程的行銷面的確有極大助益。但即使沒有變成名人的意願，也很期待有更多人能透過寫部落格／電子報／拍影片等方式，加入「知識分享」的行列。本書讀者可能有一些是身在教育體制內的老師，例如國高中老師等等，筆者也很鼓勵在體制內的教師可以分享自身的教育現場經驗！不論未來是否要開課，如果有更多人願意分享第一手教學挑戰以及突破方法，將知識轉化為公共財，筆者認為這真的是很棒的一件事情！

1-2

線上課程的特性考量

當你已經想好課程主軸，也確認自己想要開設線上課程後，在啟動一門線上課程時，將有兩項基礎提問，會影響後續製課的大方向，包括：

● Q：想籌備的是體制內課程還是商業市場課程呢？
● Q：要做的是直播課程或是錄播課程呢？

Q6 想籌備的是體制內課程還是商業市場課程呢？

筆者依據目標學員族群的封閉性或開放性，將線上課程區分為「體制內課程」、「商業市場課程」，以及「兩者混合」的課程。體制內課程指目標族群為大學生或國高中生，課程內容相對為較系統性的知識範圍；而商業市場技能則可能為職場技能、生活新知等較為多元的精準技能範疇；第三類則是混合模式，同時納入體制內課程與商業市場的部分屬性。

體制內與商業線上課程屬性差異頗大，雖然許多體制內老師（例如大學教授、中小學老師等）現在已經逐漸習慣錄製線上的內容，但是這依然跟製作商業市場課程的概念不太相同。體制內學生，是透過制度的規畫來參與課程，並透過完成課程來取得分數或學分；然而商業市場的課程，則需要對大眾進行宣

傳曝光，行銷企畫或課程包裝，通常需要投入更多心力。

一、體制內課程

　　體制內課程類型通常包括在學費之內，並由學校老師進行教學為主，有些老師會自己錄製線上教學內容，而有些則有學校資源協助錄製。舉臺大開放式課程（http://ocw.aca.ntu.edu.tw/ntu-ocw）為例，提供了許多學校教授精心錄製的線上內容，而且體制內課程，可以根據學校的屬性（高等教育、國高中、小學等等）來調配課程難度，也有許多老師會直接側錄實體上課的過程，並轉換到線上平台，提供給需要的人閱覽。

TIPS

直接側錄實體課程，將教學內容數位化，雖然方便但較難確保影片品質；因為實體課程常常穿插老師與現場學員的各種微互動，但這些微互動較難被完整錄製下來，也會影響後續觀看影片的閱覽體驗。

二、商業市場課程

　　商業課程相對於體制內課程，通常有更高的包裝精緻度需求，由於商業市場依賴消費者掏腰包進行購買行為，相較於體制內課程，通常會製作更精美的行銷影片、課程封面照片等等，製作成本相對較高；但若能夠加入更專業的剪輯／設計／包裝／行銷等等，確實更有利於促成更大的商業效益，甚至取得指數成長的財務收入。

　　商業市場課程的銷售成果差異極大，有些課程僅有個位數的極少學生參與，但若能成功打擊到市場需求的課程，則可能會產生驚人的商業報酬！舉網

紅愛莉莎莎的「愛莉莎莎的自媒體銷售學」課程為例，透過相關的行銷活動，像是課程網頁、行銷影片、課程文案、募資活動、協同推廣活動等等，尤其是由網紅本人親自開設自媒體課程，定位精準，最後達成破億新臺幣的課程總銷量，非常驚人。

三、混合體制內與商業市場的課程

此外，也有一些整合體制內課程與商業市場屬性的混合類型線上課程，Coursera（https://www.coursera.org/）就是其中最重要的代表平台。Coursera是由史丹佛大學的電腦科學教授吳恩達和達芙妮・科勒聯合建立的線上學習平台，與許多大學合作製作課程，包括史丹福大學、密西根大學、普林斯頓大學、賓州大學等等，也有臺灣大學所提供的線上課程，平台上提供了豐富且免費的線上教學資源，擁有數百萬名的學員。

Coursera課程大多可免費參與，然而其也加入了部分商業市場導向的設計，雖然學員可以免費旁聽課程，但如果想要進一步參與課程（包括作業批改）領取課程證書，甚至是取得學位，則可透過付費來完成。舉Coursera上的倫敦帝國學院「Master of Science in Machine Learning and Data Science」課程為例，可以直接在平台完成課程註冊，繳付16,200歐元（折合約新臺幣五十多萬元），並透過二十四個月的線上課程，完成對應的學程需求後，可完全在線上環境，取得國外的碩士學位。此外，Coursera也跟Google合作上架了多堂課程，並提供完成課程的學員正式的證書，免費參與的旁聽生則無法取得證書。以下為三種類型的線上課程比較表。

體制內課程與商業市場線上課程比較表

項目	體制內課程	商業市場課程	混合兩者
範例	大學科系開設的線上課程	商業平台開設課程，例如：Hahow好學校	商業平台上架大學課程例如：Coursera
教學內容	過往通常有既有的實體課程，將相關素材轉換為線上內容	針對特定群體的學習期待訂製，或是轉職、技能學習課程	過往需要實體到教室，現今大學可透過課程平台提供學程課程
核心動機	取得學分或分數，或學習新知識	學習新知識或職場技能	想要進修的學生、學習新知識或職場技能
學生主體	大學生／國高中生	上班族／自學者	看狀況而定
教師主體	學校老師	知識品牌	大學老師、企業講師
行銷推廣	看狀況而定，相對行銷的需求較少	很重要，決定了多少人能夠知道有這堂課程	看狀況而定
費用	包括在學校費用內／免費提供	自掏腰包／公司補助上課	依平台而異，通常要取得證書須額外付費
師生關係	講師與學生有較多互動機會	通常彼此不會認識	通常彼此不會認識
考試	通常會設計考試，以確保學習狀況	不一定會有考試，更依賴學員的自發性學習狀態	看狀況而定

Q7 要做的是直播課程或是錄播課程呢？

　　線上教學的基本屬性中，最主要也是分成三種：直播課程、錄播課程和混合式課程，「直播型」就是同步課程，講師與學生在線上即時互動；「錄播型」則屬於非同步課程，講師將影音內容上架，學生可自行選擇閱覽的時間；第三

種為「混合式教學（Hybrid）」，也就是混合直播與錄製來提供教學內容的模式。以下先說明三種模式的優缺點與注意事項：

三大種類的線上課程

同步「直播型」線上　　非同步「錄播型」線上　　混合式線上課程
課程　　　　　　　　　課程　　　　　　　　　（Hybrid）

一、同步「直播型」線上課程

主要優點

● 可以針對特定主題進行，可與學員進行問答討論

● 相較於實體課程不受空間或時間限制

● 類似實體課程，依然保有即時互動性

主要缺點

● 沒辦法暫停

● 學員無法按照自己的步調學習

注意事項

● 數位環境誘惑多，學員常容易分心

同步「直播型」線上課程，如同其名稱，是即時進行的，教師和學生同時參與。同步教學可以透過視訊會議平台進行，如Google Meet、Zoom或Microsoft Teams 等軟體；然而因內容是採取直播進行，所以如果有同學聽不懂，或是部分時間失去注意力，漏掉關鍵步驟，接下來會不容易再跟上，且不像是實體課程可以問旁邊的同學，若課程規畫不良，很多學生會遇到很多學習障礙。

同步「直播型」線上課程是許多人熟悉的模式，透過數位軟體以及視訊工具，可達成類似於實體教室的體驗（圖片來源：https://unsplash.com/photos/smgTvepind4）

以下列出直播型課程的重點提問，本書將在後續的章節說明各自應對的方式，若讀者好奇也可先直接前往閱覽。

- 學生有哪些常見的受眾類型，他們的學習目標又有哪些呢？**→前往閱讀「Part 2 課程企畫」**
- 直播課程學員的注意力渙散怎麼辦？有哪些方法可以加強跟學生的互動？**→前往閱讀「Part 5 課程互動設計」**
- 直播時的麥克風與攝影機該如何挑選呢？有哪些收音或是影像拍攝的技巧呢？**→前往閱讀「Part 6 課程內容錄製」**

二、非同步「錄播型」線上課程

主要優點

- 學員可以按照自己的步調學習
- 針對不懂之處可以反覆聆聽
- 講師可不用重複講述相同內容
- 講師可反覆確認講述的內容，再錄製

主要缺點

- 講師與學員無法互動、督促感較低
- 拖延症常導致完課率較低

注意事項

- 每一部影片須交代明確的學習知識項目

　　非同步「錄播型」教學通常透過雲端系統，學生可登入帳號密碼後閱覽。此種類型課程可讓學生自己決定學習進度，不必與教師或其他學生同時上線；然而，也因為可以自己決定學習進度，常導致許多學員參與課程後，因缺少引導或是強制力，反而無法順利完成課程學習，導致較低的完課率。

　　因為許多學生在購買錄播課程後卻較難完成課程，所以興起一種「陪跑式」課程設計，**翻轉**課程進行方式，從「個人學習」轉換為「社群共學」。即使課程可能是預先錄製的，但內容可以分批釋出，也會像是實體課程般安排講師或助教陪伴，例如加入作業批改，或是建立線上班級的模式，學習者如果發現是「一群人」一起上課，彼此會有一些激勵、陪伴的效果，可有效提升課程的完成率。

　　此外，錄播課程也可能需要面對更強大的競爭，許多學生會謹慎選擇參與的課程，以「Excel課程」為舉例，全世界可能有非常多類似主題的課程選擇，甚至也能輕易找到非常多的免費內容，學生投入同樣的時間，必然會希望

53

能夠學習到最大量的知識，或是選擇最適合自己的課程，所以我們可能會看到，許多線上課程會有超過數萬個學生參與，但也同時有一些錄製的線上課程甚至只有個位數學員報名，乏人問津。

以下列出錄播型課程常見疑問，在本書後續章節也都會針對各自情境，細部說明應對的技巧。

● 已經有相同主題的免費錄播課程了怎麼辦？有哪些錄播課程的企畫重點？→**前往閱讀「Part 2 課程企畫」**

● 我的錄播課程真的會有人看嗎？如何進行行銷推廣呢？→**前往閱讀「Part 3 課程行銷」**

● 怎樣規畫錄播課程的章節規畫呢？怎樣讓學員持續地有學習感受？→**前往閱讀「Part 4 課程內容製作」**

● 如何在課後也與學員持續互動，提升學習成果？→**前往閱讀「Part 7 課後經營」**

● 各個錄播平台的特色，以及其主要學生族群為何？→**前往閱讀「附錄：線上課程平台」**

三、混合式教學（Hybrid Teaching）

主要優點

● 可根據教學需求，搭配直播或是錄播情境提供內容，對於學員來說，體驗可能更好！

主要缺點

● 課程設計的難度較高

● 相對於錄播課程，能夠參與的學員人數較低

● 而相對於直播類型課程，要思考哪些可以透過非同步的方式提供

注意事項

● 須明確區分出：適合同步直播或非同步學習的內容

混合式線上教學是「錄播課程」和「直播課程」的結合，通常會將經常需要重複講述的內容錄製下來，例如軟體的操作流程，讓學員方便反覆播放學習。課程中間則會穿插安排直播甚至是實體見面課程，讓學員對課程、老師有更高度的互動連結感。

混合式線上教學常見的情境，是讓學生在課前可先觀看預先錄製好的內容，然後在上課時間參與現場或線上的討論和活動，而下課後則可再閱覽老師提供好的延伸學習影片來複習，並於下一次安排再度見面交流。

TIPS

本書會穿插討論「直播課程」與「錄播課程」兩種類型課程，其實大多數環節的技巧是類似的，但錄播課程較難與學員即時互動，而直播課程則不會有影片剪輯、字幕等任務。但也有一種混合式教學的操作手法，是將直播課程的影音過程錄製下來，並剪輯轉換為「回放影片」進行的課程製作方式，學生也方便進行複習。

1-3
課程籌備流程

Q8 線上課程籌備主要分成哪幾個階段？

　　本書依照筆者參與課程籌備的流程經驗，畫分為七大任務，包括「課程啟動」、「課程企畫」、「課程行銷」、「內容製作」、「互動設計」、「內容錄製」和「課後經營」。本書即是根據這些流程來作為目次的主要編排順序。

——————— 線上課程籌備流程與關鍵任務 ———————

Part 1 課程啟動	Part 2 課程企畫	Part 3 課程行銷	Part 4 內容製作	Part 5 互動設計	Part 6 內容錄製	Part 7 課後經營
從我開始	受眾分析	知識品牌	課程內容架構設計	直播課程互動設計	拍攝設備與錄製軟體	學習成效評估
課程特性	競品分析	上線前行銷	課程簡報設計	錄播課程互動設計	影片剪輯	課後作業設計
籌備流程	撰寫企畫書	上線後行銷	課程腳本製作	好用互動工具軟體	字幕轉換	延伸學習

　　下表彙整了每個階段的的重點工作，更多細節將陸續於本書各章節進行說明。

—————————— 線上課程各籌備流程與主要工作說明 ——————————

Part	名稱	關鍵產出	主要工作
1	課程啟動	動機、信念	了解自己想要製作課程的原因，並了解自己較可能投入的課程屬性，比較偏向體制內或是商業市場課程；以及直播、錄播還是混合型課程。
2	課程企畫	課程企畫書	包含受眾分析、競品分析、價格與成本分析等課程細節規畫，並釐清課程製作的方向，完成企畫書。
3	課程行銷	相關行銷計畫（上線前、上線後）	建立知識品牌識別，而後則包括各類的行銷推廣方式，像是：發放問卷、製作課程網頁等，並透過社群平台或其他宣傳管道行銷，以接觸更多潛在學生。
4	內容製作	課程架構、課程簡報等	包含課程大綱與內容架構的規畫、課程簡報的製作、專案管理技巧等等。
5	互動設計	直播、錄播課程的互動	線上互動的技巧與相關工具，探討如何增加學生實際上課時的沉浸感，提升課程參與度，直播型跟錄播型的互動技巧也有差異。
6	內容錄製	課程影音與剪輯影片	選擇錄製所使用的軟硬體工具，進行剪輯，並於後期剪輯時搭配配樂、片頭與片尾短片及製作字幕等。
7	課後經營	成效評估、作業、延伸學習等	設計作業以及學習成效評估，並說明如何引導學生進行延伸學習。

　　本書的第一章，談論了許多課程啟動階段的思考，如果你認同自己擁有某項領域的專業度，或是對於某項知識領域懷有無比熱情，絕對值得把製作線上

課程當成你的選項。完成一堂線上課程，類似於完成一本書，也是某種自我實現的選項，雖然過程並不輕鬆，但完成後的成就感極高！讓市場看見你的專業能力吧！

此外，對於具備專業知識的個人來說，籌備線上教學，也能有助於打造個人知識品牌，甚至實踐透過知識賺取主動或被動收入的可能性，達成「知識變現」的目標。而隨著教學經驗和課程產品不斷優化累積，將可能以更小的成本，產出更高價值的內容與收入，進而達到 Do less, earn more 的複利成效。

TIPS

課程流程中，有些任務是屬於「持續性質」的，例如 Part 3 的「課程行銷」，在企畫方向確認後就已經可以開始對市場預告，尤其是募資型的線上課程，需要規畫讓更多潛在學生能看見課程。此外，預先透過行銷與募資取得預算，也有利於製作出更優質的課程，而等到課程上線後，也能透過行銷來促成課程更長尾銷售。

PART 2

課程企畫

在課程啟動後，需要優先進行哪項任務呢？筆者建議可從撰寫企畫書的任務開始，好的企畫書能將想法文字化，也能預先勾勒課程藍圖，凝聚團隊的共識。

本章彙整了幾個重點段落，分享企畫的幾個重點面向；其中「2-1受眾分析」整理了分析課程受眾的技巧；而「2-2競品分析」則彙整了關於市場分析與競品比較的思路；「2-3企畫書撰寫」則聚焦分享課程企畫書的重點資訊與製作心法。

2-1

受眾分析

在課程企畫階段，建議將課程目標學員的樣貌文字化（又可稱受眾分析），了解這些學生可能是誰？他們的學習痛點與目標為何？期待的職涯軌跡又是什麼呢？以下彙整一些分析的思路與方法。

Q9 如何分析目標學員的特性與需求？

理論上講師應該非常了解學員的屬性，對嗎？然而，有一個現象叫作「知識的詛咒」，也就是因為講者已經是領域專家，反而更難同理學生的學習狀態。線上課程講師常常在該產業已經有數年甚至數十年的經驗，許多判斷已經變成膝反射效應，不容易針對課程學生（尤其是入門者）換位思考，了解他們的學習痛點和需求。

為了避免此狀況，推薦可以找一些潛在學生聊聊天，或是用更正式的「訪談（interview）」方式，預先設定訪談大綱，更深入地了解學員的學習需求與痛點。如果要採取更系統化的作法，筆者推薦可以使用「人物誌（Persona）」這套工具來剖析、呈現學生特性，幫助描繪目標受眾輪廓，輔助確認課程製作方向。

透過人物誌（Persona）描繪學生輪廓

　　Persona是設計領域的經典工具，也可稱為目標使用者的代理人，可以用來識別與描述目標學員的屬性輪廓，幫助講師做出更好的課程規畫。

　　Persona並沒有標準格式，但通常會納入的項目包括：頭像照片、年齡範圍、性別、教育程度、學習需求等等，也可以描述其學習環境，例如所在地、學習設備和網路連接速度，此外也可加入其「工作任務」與「學習目標」等項目，讓Persona的描述更完整。

線上課程學生的Persona人物誌範例（頭像可用真人或是AI輔助生成）

建立 Persona 的方法

　　Persona 的內容並非講師憑空想像，而是透過資訊解析的方式來彙整，常見的是透過兩種方法來蒐集，分別是「深度訪談」與「問卷調查」。很推薦針對一些潛在學生進行個別訪談，若對象是大學畢業生，則可針對數個不同科系背景的學生進行深度對話，人數上當然是越多越好，但考量時間成本的話，筆者建議可以五位作為目標；訪談的優點在於可透過互動，更仔細聆聽學生的想法，得到更深入的回答，但也要篩選出合適的受訪者。

　　而若是選擇問卷調查，提醒需避免讓問卷過長或過於複雜，只挑選關鍵問題發問，增加填答的意願；也建議提供「開放題」讓填答者自由表達想法，例如詢問「期待的課程內容」，讓填答者有表達需求的空間，可提供講師規畫課程的靈感。此外，對於募資型課程來說，發放問卷不只具有蒐集資訊的優點，也能同時取得第一批感興趣的學生名單，對於後續的行銷與銷售都有幫助。

TIPS

訪談跟問卷哪個比較好呢？這並沒有標準答案，訪談可以得到更細緻的質化結果，但也會因為受訪者的個人偏好而受影響；問卷調查是設計制定好的題目與選項，優點是可以大量發放，但缺點則是蒐集到的資訊相對封閉；筆者的經驗上，建議兩種作法並行，透過不同方式取得更多面向的資訊。

檢視自己是否確實清楚學生的需求和想法

　　如果想知道自己是否已經足夠了解課程學生受眾，筆者整理了一些自我檢核問答題，讓講師改以「學生」角色作為思考的核心，輔助進行思維轉換：

● 學生在學習上的核心痛點是什麼？

● 學生在參加課程之前，已經具備哪些基礎知識？

● 學生想要解決的問題有哪一些呢？

● 學生的背景通常來自哪個領域？曾受過的訓練有哪些？

● 學生的年齡層大概分布在哪些範圍呢？（建議抓十歲為區間）

● 學生期望達成的「基礎學習」指標是什麼？如何滿足他？

● 學生期望達成的「進階學習」指標是什麼？如何滿足他？

● 學生是為了我而來的嗎？我可以給予他們哪些面向的經驗呢？

● 學生「想要」買這堂線上課程的原因有哪些呢？

● 學生「不想要」買這堂線上課程的原因有哪些呢？

● 學生會期待有實作產出嗎？哪一種實作呢？

● 學生會期待有實務案例分享產出嗎？哪一些案例呢？

● 學生的收入水準在哪呢？他們願意付出多少費用參加課程呢？

● 學生可能比較常在哪個平台出沒呢？我可以和這個平台合作嗎？

Q10 可以講的課程方向很多，如何規畫適合受眾之主軸內容？

　　當釐清受眾輪廓後，下一步是思考哪些是想放在課程的教學內容。這部分的常見問題是「資訊過載」，因為講師在特定領域中通常已累積許多面向的能力，若未經評估篩選，一口氣把所有想講的、能講的全部都加入教學當中，除了製課會很辛苦之外，也不一定能夠滿足學生的需求，以下分享三種方式，輔助釐清合適的課程主軸。

以終為始法：從最終學習成果和作品集來回推

　　線上課程的學生，滿多喜歡有實作的課程，所以在規畫課程可以用最終成果或作品集的角度來建構。例如如果講師同時具備有「中華料理」與「法式甜點」的經驗，以課程的最終成果來回推的話，「如何做出十菜一湯的中華料理教學」的課程名稱定位，可能比「同時學習中華料理與法式甜點」在作品呈現上會更好理解。也就是，即使講師擁有更多的能力集合，但也不一定適合全部放進課程中，有時會讓學員搞混課程主軸定位。

興趣交集法：找到供給和需求面的交集

　　過於繁雜的課程設計，不一定就能得到最佳學習效果，野心過大的講師將可能因為訂製了過大的課程範圍而失焦；因此，也可以嘗試找尋講師與學生兩者的興趣交集，來媒合「講師想教學的」與「學員想學的」兩項共鳴點，作為課程的主軸內容編排，讓課程主軸更聚焦。

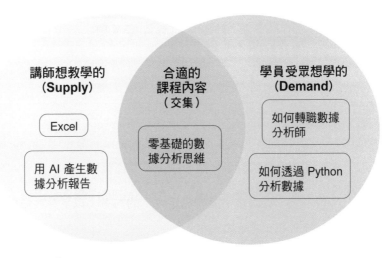

線上教學設計應媒合講師想教學的項目，以及學員受眾想學習的內容，本圖以「數據分析」類型課程為例，建議以交集處的「零基礎的數據分析思維」作為課程主體

SMART原則：系統性思考課程主題

SMART原則，最早是由管理學大師彼得杜拉克（Peter Drucker）於1954年所提出，主要考量五項維度：「具體明確的」、「可衡量的」、「可實現的」、「相關的」、「有時間性的」，好記又好用，可幫助我們從不同角度來審視課程主軸的可行性，如下表之整理：

──────────── SMART原則 ────────────

項目	中文	說明
Specific	具體明確的	課程教學目標是可以想像、不過於抽象
Measurable	可衡量的	可帶入一些量化的數字指標，例如可縮短三小時工作時間、產出兩幅作品等等，讓學習時間與成果被量化衡量
Achievable	可實現的	讓課程設計的內容是多數學生都可以達成的、累積成就感，甚至可跟著課程做出作品集的
Relevant	相關的	指課程目標應和課程領域與學生背景、職業選項，或是特性工作角色等相關
Time-bound	有時間性的	說明清楚課程單元所需要投入的時間預期，並承諾投入時間後可得到哪些知識內容

彙整SMART原則與聚焦課程目標的過程，盡可能讓教學與學習目標的屬性描述越精確越好，可參考以下案例，以「希望轉職資料分析師」的非本科系人員為主要受眾，並將課程目標定義為「在六個小時內學會基礎資料分析的關鍵技能」。

———————— SMART原則應用範例——以轉職資料分析師為例 ————————

SMART 原則	檢核	說明
具體明確的 （Specific）	✓	學習完畢後，可以具備一定程度的數據分析概念，並包括 Tableau 軟體操作的能力
可衡量的 （Measurable）	✓	可再深入定義衡量方式，例如學會關鍵的三大類技能，並做出四項數據分析作品
可實現的 （Achievable）	✓	清楚定義數據分析所需的技能範圍，課程展示上完課可以做出的效果（例如數據分析案例、資料視覺化圖表等）
相關的 （Relevant）	✓	檢視與上述人物誌的學習目標相關，例如從市場行銷人員，轉職為「數據分析師」
有時間性的 （Time-bound）	✓	目標為六個小時，清楚定義課程每個單元所需要的學習時間長度

Q11 學生有哪些常見的學習目標？

　　線上課程學生百百款，每個人的學習動機各自不同，但筆者通常會先辨識每堂線上課程的核心受眾對象兩大問題：「他們是否屬於體制內學生呢？」以及「如果非體制內學生，他們比較偏向基礎學生還是進階學生呢？」

　　體制內學生指的是被安排／要求完成上課的族群受眾，例如學校學生，或是企業內部訓練課程等，有時需要給予更多的學習動機來提升學習效果；而基礎學生則像是璞玉，學習動機強烈但基礎知識薄弱，更需要手把手進行引導教學；進階學生則正好相反，這群人尋求的是一流的知識，當付出了金錢參與線上課程，期待能從講者身上習得更多的經驗與一流的技術。這三類族群的學習行為有許多差異，成功的關鍵也不太相同，可參考以下的整理。

三種學習目標受眾類型

	體制內學生	基礎學生	進階學生
學生範例	● 學校學生 ● 補習班學生 ● 企業內訓學生	● 技能初學者 ● 轉職者 ● 新能力探索者	● 企業的中高階主管 ● 特定技術專業人員
學習目標	● 取得分數、取得學分 ● 完成組織要求的學習時數 ● 通過考試／認證	● 希望入門特定領域的基本知識 ● 擔心被時代淘汰的新技術或跨領域學習者 ● 從「知道但不會做」到「做得出來，雖然不一定很擅長」	● 強化某項特定技能的進階技巧 ● 了解其他同領域專業人士的作法
成功重點	● 清楚解釋課程與學習後可取得的具體成效 ● 設計更有吸引力的課程環節	● 規畫出適合基礎學生的學習難度 ● 讓學生從「不懂」變成「對領域知識有一點理解」，成就感很重要！	● 清楚說明課程的學習難度等級，並陳述強化的地方 ● 加入更多講者自身的實戰經驗分享

類別一：體制內學生

● 課程關鍵：配對體制需求與課程效益

● 小提醒：適度搭配互動與趣味性的設計

　　許多體制內學生可能因為所處組織要求（例如企業內訓）而參與線上學習，不一定都具備有自發性的學習動機。因此，建議講師在課程開始時，就說明學生參與後所能取得的具體收穫，來提升其學習動力；例如：可取得成績、證照、工作表現的提升等。此外，許多體制班級因學員學習主動性不同，線上教學時建議可搭配互動與趣味性的設計，提升整體學生的參與程度。

　　此外，體制內學生可能需要在特定的時間內完成一系列的課程，可指出本課程所涉及的職涯選項與知識體系，強化學員對於學習後的轉變，並了解如何與自身的職涯與生活結合，將這些知識應用到實際場景中。

類別二：基礎學生

- ● 課程關鍵：手把手零基礎教學，引導學生取得學習成就感
- ● 小提醒：避免晦澀難懂的詞彙與形而上的抽象知識

　　指可能剛踏入某個學習領域，或是對新興技能感興趣的學習群體。參加線上課程通常是為了提升技能和學習新知識，甚至是因為萌發了轉職的意念，而主動地報名參與課程；這群學生就像是小火苗般，等待著可以點燃他們熱情的老師。

　　需留意基礎學生對該領域的專有名詞或術語相對不熟悉，講師應幫助學生建立基礎知識和核心概念，但需避免使用過於專業或晦澀難懂的語言，並適時搭配影片、文字說明、圖解和範例，針對領域內的常見術語、技巧、工具提供案例解析或設計實作小練習，幫助學生理解、吸收，點燃新的興趣領域；同時也建議避免分享過度抽象的形而上個人經驗。

類別三：進階學生

- ● 課程關鍵：分享實戰心得和高價值感的知識
- ● 小提醒：講者分享個人作法後，可能會遇到經驗辯論的需求

　　對於已經擁有一定基礎知識的進階學生來說，進階學生參加線上課程的目標，除了深化自己的知識和技能之外，也會想了解最新的趨勢和最佳實踐。因

此，針對此類型學生的線上課程，應該涵蓋更多高階知識內容，並準備更有難度、具有挑戰性的問題和案例，來幫助學習者掌握更多維度的思維與解決問題的能力。

對於此類型學習者，要留意可跳過過於簡單的基礎知識，並提出更多脈絡情境下的解決方案；此外，由於高階知識有時會有個人主觀性，如果是直播型的線上課程，也很建議與學生們用更多交流、發表、討論的方式來分享彼此的經驗，並對於可能遭遇的辯論與交流環節抱持正面的態度。

2-2

競品分析

Q12 線上課程的競品分析特性為何？

　　延續前一段的受眾分析任務，企畫階段的下一步，推薦可執行「競品分析」任務，指的是盤點並解析既有的線上課程市場，找出已經有哪些類似主題課程，而他們又已經滿足哪些需求呢？透過分析競品的產品定位，幫助我們想出更具差異化的課程定位，制定更能滿足市場的課程企畫內容。

　　競品分析類似做研究的「文獻回顧」技巧，參考既有課程的優勢，調整課程企畫方向，找出潛在未開發的利基教學市場。然而，該把哪一些課程納入競品分析的範圍中呢？可針對類似的課程名稱，或是相同的職業取向、或學習相同技能的課程、或產出某類型作品等等。對於納入比較範圍中的競品，可挑選品質、聲量、銷售良好的課程進行分析，以了解這些課程成功的要素，或是反過來看，解析表現較不理想的線上課程，避免自己踩到類似的誤區。

　　此外，即使課程主題已經存在許多既有課程，也不代表沒有推出課程的機會，有時既有課程也會因為時間過久而內容過時，或是如果你很有信心做出更優質內容，都還是值得推出新的線上課程，從競品中脫穎而出！

TIPS

雖然叫作「競品分析」，但不是指要將相關課程視為競爭對象，畢竟每一門課的涵蓋知識範圍與目標學員定位都有差異，有時也常出現「類似的受眾」，例如有買「競品A」的學生，也很可能會購買類似的「競品B」線上課程產品。俗語說「鞋櫃裡永遠少一雙鞋」，只要符合受眾學生喜愛的主題，滿多人依然願意購買相同主題，但不同講師推出的課程，期待學到更完整的知識。

Q13 有哪些好用的競品分析方法？

競品分析沒有固定格式，筆者最常用的兩個方法為「表格比較法」與「四象限分析法」，如以下的說明。

方法一：表格比較法

表格比較法簡單又好用，花時間蒐集了競品課程後，可挑選一些重要資訊，放入比較表當中，例如：課程名稱、課程目標、定價範圍、上架平台等等，每當又看到一個新的競品，都建議持續更新該表格，有時會靈光一閃，突然就發現還未被滿足的教學主題！以下列出一些可以考慮納入表格比較的欄位項目，欄位的選擇可根據個人需求調整。

● 課程名稱為何？提到哪些關鍵字呢？
● 課程核心特色為何？
● 課程價格區間為何？
● 課程上架的課程平台為何？上架的時間點為何？

● 課程講師是誰呢？有知名度嗎？

● 課程想要幫助學生解決哪一些痛點呢？

● 課程目前透過哪些管道進行行銷？與哪些知名網紅合作？

● 課程相對優勢為何？例如：價格較優惠、主題較特別、明星講師

───────── 競品分析表格範例 #1 ─────────

類別	名稱	課程特色	平台	價格
(1) 課程	資訊解構×視覺化設計｜即學即用的圖像資訊表達課	資訊圖表、視覺化設計	Sat Knowledge 知識衛星	NT$8,900
(1) 課程	Excel to MySQL: Analytic techniques for Business	技術導向、商業分析	coursera	US$49／月
(1) 課程	讓圖不只是好看的──資訊設計思考力！	資訊圖表、視覺化、設計思考	Hahow	NT$1,800
(1) 課程	Data Analysis and Visualization Foundations	基礎理論	coursera	US$49／月
(1) 課程	Data Visualization (Nanodegree Program) Combine data, visuals, and narrative to tell impactful stories and make data-driven decisions.	完整知識領域	Udacity	US$249／月
(2) 社團	Infographics and data visualization	視覺導向	Facebook	－
(2) 社團	Business Intelligence, Analytics & Data Visualization (Moderated)	商業分析導向	Linkedin	－

競品	講者	價格	課程內容	評價／評論	優點	缺點
（2）社團			Analytics, Big Data, Data Science and Business Intelligence in Greece	商業分析導向	Linkedin	—
（2）社團			Visual Analytics	視覺化×分析	Linkedin	—

TIP/

除了課程之外，也可考慮將同個知識主題的相關書籍、社團、YouTube頻道等等資訊彙整進入競品表格中，透過多維度的視覺盤點，幫助我們發掘重要但未被滿足的學習缺口。

— 競品分析表格範例 #2 —

競品	講者	價格	課程內容	評價／評論	優點	缺點
課程A	A	$1,000	銷售策略、銷售技巧、客戶關係管理	（4.5／5）50個評論	很全面的課程內容規畫	講者名氣較低
課程B	B	$750	銷售心理學、銷售談判技巧、銷售執行	（4.2／5）30個評論	強調半導體產業面向	不適合非半導體產業的人
課程C	C	$1,200	銷售策略、銷售技巧、網路銷售	（4.7／5）80個評論	互動式教學＋提供專業證書	價格較高，部分學員評價不佳
課程D	D	$600	銷售基礎、銷售實戰技巧	（4.0／5）120個評論	價格非常優惠	內容觀點較侷限

方法二：四象限分析法

美國著名的管理學大師史蒂芬・柯維（Stephen Covey）曾提出四象限時間管理法，筆者常常將此方法納入各種情境使用，例如線上課程的定位，也很推薦使用四象限分析法進行競品分析，釐清並訂定課程主軸的定位。

四象限分析法的作法是先挑選出重要的兩項比較維度，一個維度放 X 軸，另一個維度放 Y 軸，由左至右、由下至上來表示低到高，再將想分析的競品課程放入四個象限中，進行比較分析。分享幾個常見的比較維度，像是「進階或入門」、「價格高低」、「涵蓋主題廣度」、「受眾對象」、「年齡層」、「理論或實作」或「課程時數」等。

「專業程度」與「價格」算是最常見的象限維度，許多課程學員會擔心課程太難跟不上，但也有一些學員擔心課程太簡單無法學到東西，所以很多的課程都會套上一些關鍵詞，來與受眾進行溝通。

―――――――――― **財務面向線上課程的競品分析案例** ――――――――――
（課程名稱：筆者模擬）

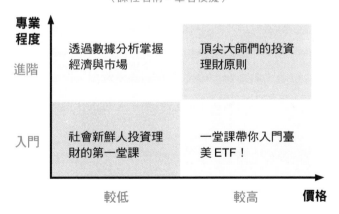

TIPS

> 分享一些常用的、能用來表達課程專業程度的關鍵字，例如使用「從零上手」、「0基礎」、「從0到1」、「入門」、「基本」、「初學者」、「新手」、「手把手」等等都很適合；而「如何成為」、「如何學會」、「如何做出」這類型用字則帶有願景的層面，同樣也很適合新手或是學生族群。
>
> 反之像是「進階應用」、「邁向頂尖」、「大師心法」、「實戰攻略」等等，或是直接在標題寫上特定領域的專業術語，像是「VBA」、「巨集」則相對比較像是吸引進階學生的關鍵詞。

Q14 需要針對其他語言的課程做競品分析嗎？

　　線上課程跨越了國際邊界，不論人在哪裡，只要有網路就可以參與，所以即使是在臺灣錄製／直播的課程，其他國家、語系的人也都可以自由參與。然而，不同語言確實是一個明顯的客群分界點，完全相似的主題，可以看到不同語言的對應課程，但我們需要將不同語系的課程納入作為競品嗎？這涉及到語言的鄰近性，繁體中文課程的受眾與非中文課程的受眾基本上不太會重疊，母語是中文語系的學生，還是會以中文課程為優先選擇；以繁體中文為主進行製作的線上課程，受眾大多以繁體中文語系的學生為主，例如來自臺灣、香港等地的學生。

　　此外，同樣的課程主題，可能在其他語言已有類似的線上課程，筆者建議在競品分析時仍可進行參閱，來豐富企畫靈感，且對於章節規畫與知識體系的完整度也有幫助。此外，也可以看到其他語言的類似競品，參考其售價、購課人數、評分與評論情形，作為課程募資前的市場狀況考察，幫助講師與團隊在撰寫課程企畫書時，估算營收的預估。舉例來說，若要開設健身相關課程，可

以用「Fitness」或「Wellness」等關鍵字，考察該領域的熱賣課程規畫與購課人數等資訊。

Q15　需要對免費課程進行競品分析嗎？

需要將「免費課程」納入競品的比較分析嗎？筆者認為依然是有必要的，由於許多主題在網路已經存在大量的免費影音內容（例如：YouTube平台），在這個情況之下，如果要開設付費課程，勢必得提供有別於免費課程的價值感。

舉「數據分析」類型課程為例，網路上已經有海量的Excel、Tableau、數據分析相關免費影音，但相關線上課程依然擁有廣大的學生參與（筆者開設的Tableau數據分析課程，有超過一千五百人參與），這是因為付費的內容通常還是比免費內容結構更完整，且許多人更在意投入時間後的收穫效率。免費影音有時相對破碎化，且講師通常不會積極維護內容或是回覆學員提問，而付費課程較不會有這樣的問題。

簡單說，免費課程還是需要納入競品分析的，如果我們發現免費課程擁有廣大的瀏覽人數，也是一個很好的訊號，表示這個課程定位正確，屬於市場的剛性需求，只要做出與免費內容區別的價值感，相信也能有不錯的參與人數。

2-3

企畫書撰寫

在課程企畫階段，撰寫課程企畫書是一個重要的里程碑等級任務，筆者通常會使用 Google Doc 來製作，也很方便團隊共編。透過課程企畫書的規格化，對內可作為團隊共識整合與後續製作的參考核心，能讓團隊成員在執行過程中有明確的製作方向指引；此外，撰寫線上課程企畫書也有助於對外進行提案，例如作為與課程平台洽談合作的依據。

Q16 線上課程企畫書的常見項目有哪些呢？

課程相關企畫文字，可透過共同編輯文件同步溝通彼此的想法，例如：課程名稱、講師資訊、課程重點、市場分析與課程內容規畫、課程定價等等。下表彙整了筆者建議的企畫書涵蓋項目，分成幾個大類別：「課程簡介」、「市場分析」、「課程內容規畫」等等；如果是想透過募資的方式建立線上課程，則也需要放入「募資資訊」的規畫段落。

———————————— **線上課程企畫書的常見項目** ————————————

項目	段落標題	內容
課程簡介	課程介紹	包含課程主題與簡介，不一定要很長，大約可抓100-500字即可，進行概述
	課程重點特色	列舉課程特色，可摘要論述三到五項
	講師介紹	自我介紹或所屬團隊介紹，可搭配個人網站、照片等方式呈現；如果能放上跟課程有關的作品集會更加分
市場分析	競品分析	針對現有線上課程的競品分析，建議可用表格彙整，比較重點欄位
	目標學員	列舉明確的受眾學生特徵，可搭配Persona工具呈現
	定價分析	訂定預計售價範圍，或不同階段的定價與優惠策略等等
課程內容規畫	籌備與上線時間	針對教材製作、影片錄製、剪輯、品管等階段的時程規畫
	課程的時數規畫	課程的預計總時長
	課程的架構規畫	課程內容的架構規畫，通常在提案期會用兩層式呈現「章節」與「單元」；但也可評估是否揭露更細一層的「學習重點」。更多課程架構規畫說明可參閱「4-1建立課程內容架構」
募資資訊	募資說明	說明為什麼需要透過募資方式，幫助講師製作這堂課程，可能會有哪些的募資成本與課程對應製作內容
	募資定價	除了標準價格，募資階段通常會設定不同時期的差異定價，像是「超早鳥」、「早鳥」等不同線上課程定價策略
	解鎖課程	可列出募資超過多少人數，就額外錄製內容或是給予贈品的承諾，例如會用100%、200%、400%等級距來呈現
	行銷活動	有時會搭配像是募資期間購課的額外獎勵，像是小禮物、知識懶人包、加入特別群組會員等等；課程上線前後，也可以搭配發放折扣碼，吸引更多學生注意到這堂募資課程

Q17 「錄播課程」與「直播課程」的企畫差異？

「錄播課程」與「直播課程」在企畫內容會有差異嗎？直播課程與錄播課程的企畫階段的結構項目類似，不過因為錄播課程經常需要搭配課程上架的平台團隊來協同企畫，所以多會提供更細節的企畫書資訊，來溝通團隊共識。然而這並非二分法，當然也可能會有超大規模的直播課程，例如連續長達數週進行的系列性線上直播課程，同樣也會需要較仔細的企畫資訊。

此外，如果錄播課程是透過募資活動推出，由於需要確保取得足夠的課程製作資源（線上課程製作成本可能會高達數十萬元甚至更多），會舉辦一定期間的課程募資活動。為了確保與課程參與者的良好溝通，在前期企畫階段，會投入建構更完整的企畫資訊，甚至拍攝高品質的企畫影片（將於「Part 3 課程行銷」說明）來進行推廣，提升對於募資者的吸引力。

TIPS

透過課程募資活動籌辦課程製作經費，除了行銷效應之外，也可以給予課程製作團隊很大的彈性，例如募資到比預期更高的金額的話，就納入更高的製作規格；相反來說，如果募資的金額不如預期，則可以評估如何更妥善地分配資源，確保在有限的經費下，依然可以製作出有價值感的課程。

Q18 如何決定課程名稱？

課程名稱是線上課程吸引學生的首要門面，也涉及受眾對於課程的第一印象，若能引發興趣，吸引他們點擊查看細節資訊，或是直接報名參加。發想課程名稱時，心中最好放入前面所提到的「學員受眾樣貌」，並發想對於目標學

員有吸引力、能產生共鳴的詞彙，使受眾感受到課程符合他們的需求，增加參與動機。

　　分享三項實用命名技巧與範例，分別為：「納入技能關鍵字」、「納入職業敘述」、「以能力層級進行命名」。

────── 課程命名技巧與範例（皆為真實課程名稱）──────

技巧	真實線上課程名稱範例
納入技能關鍵字	● 圖表力 × 分析力 ×AI 輔助：用資料視覺化說出好故事！ ● 從「不敗經典」到「精緻獨創」──簡大軒法式料理課 ● 100 Days of Code: The Complete Python Pro Bootcamp
納入職業相關敘述	● The Complete Financial Analyst Course ● 專業造型師技法在家學──新娘祕書養成班 ● 設計實戰全方位：私藏20位大師的設計思維
以能力層級進行命名	● 資料變決策！從零上手Tableau 大數據視覺化 ● Procreate for Beginners: Digital Illustration 101 ● Advanced Adobe Photoshop

　　如果一時對標題沒有靈感的話，不妨觀摩相關線上課程平台上熱門課程命名方式，好的標題能夠引導學生進入想像學習完畢後的結果；根據筆者的觀察，技能面關鍵字常常是流量關鍵，像是「實戰」、「英文學習」、「軟體學習」、「甜點製作」等等；此外，若是提供給入門者的課程，也可善用「新手小白」、「零基礎」、「不會失敗」等等關鍵詞。

TIPS ────────────────

除了課程名稱之外，課程目錄也是企畫書的內容重點，課程名稱與目錄有點像是「餐廳名稱」以及「菜單」的概

念，學生為什麼會想要上這堂課呢？想必是目錄菜單足夠吸引人吧！

由於目錄規畫涉及課程製作的細節，本書在「Part 4 課程內容製作」將分享「點、線、面」的課程架構規畫技巧，歡迎讀者參閱。

Q19 如何決定線上課程的時間長度？

對於線上課程來說，課程時數的長短和課程品質沒有絕對的關聯。對於學員來說，投入較短時間卻學到更多東西是最理想的，然而過短的課程有時很難將想傳達的內容完整提供給學員，也可能導致價值感不足的問題。

根據筆者的觀察，將課程規模依時間長度區分為「小型、中型、大型」三種類型，在籌備時間、課程重點與族群都會有一些差異，如下表的整理：

—— 不同規模線上課程長度、籌備時間、對象族群與課程範例 ——

課程規模	課程長度	籌備與製作時間	課程重點與族群	課程名稱舉例
小型	1-2 小時以內	數天至數週	主要是以教學入門課程或特定學習重點為主	Excel 搭配 ChatGPT 好用語法
中型	3-10 小時	數週至數月	可帶入較多知識範圍與範例、系統性操作步驟教學等	零基礎友善！學會 Excel 的函式操作技巧
大型	10 小時以上	可能長達六個月或更多	偏向體系課程，可帶領學生理解甚至轉職成另一項職涯	轉職資料分析師的 30 堂必修課

小型課程：小而美滿足特定需求

線上課程中，常見的有像是一到兩小時的小規模課程（或線上直播演講活動），主要專注介紹特定情境知識技巧，例如「Excel搭配ChatGPT好用語法」，常見於直播類型的線上課程。

中型課程：提供特定知識主題的方法攻略

而三小時至十小時的中等規模課程，是募資課程的時數主力，更足夠呈現出某個特定知識主題，參與者可透過講師引導，了解一門學問的脈絡，並與免費課程或直播課程區隔出價值感；舉例如「零基礎友善！學會Excel的函式操作技巧」，至少會規畫出幾個子單元。

大型課程：體系等級課程

十小時或更長時數的大型規模課程，更像是職業培訓體系課程，常見於特定職業角色為核心的培訓課程，舉例如「轉職資料分析師的30堂必修課」、這樣子的課程標題。

TIPS

在錄播課程的時數規畫上，建議從三至六小時的長度開始嘗試，許多人低估了線上課程製作所需時間，除了小型直播課程外，大多需要以「月」為單位進行籌備規畫，因為中間會持續穿插各類型任務：像是網站、企畫、行銷、募資、內容製作、互動設計、錄製、品管等等，許多課程從開始企畫到最後上線，大約會歷經半年，甚至接近一年的時間。

Q20 如何撰寫講師介紹？

　　不論是資深講師或素人老師，講師介紹對於線上課程是極為重要的元素。學生在選擇課程前，除了課程內容外，也都會參考老師的風格、教學品牌知名度、口條專業度等特色，來判斷是否適合自己參與。也就是說，大膽寫出你的特色吧！拿出最強的專案經驗、能力證照、獨門心法等；又或者是學生曾經給予你的讚美，都很適合放到企畫書的講師介紹中，也只有你自己最清楚自己的實力證明，而企畫書是一個很好的溝通工具，好好地推廣自己吧！

　　品牌名人就一定能吸引到學生嗎？這也不一定，很多名人、專家雖然在特定領域表現傑出，但並不一定擅長教學；這也代表實力堅強的素人，依然是很有機會的。一個好的講師介紹常見有四大信任結構：「品牌印象」、「專業能力」、「教學能力」、「實績經驗」，可於課程網站上透過圖文呈現其專業能力、過往授課經驗與評價、相關作品集等等。

──────── 線上課程講師的四大信任結構 ────────

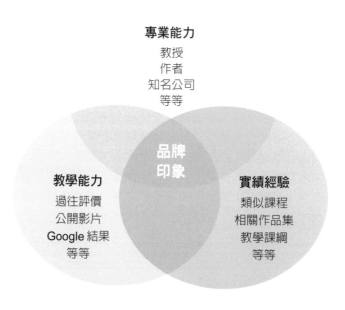

　　在商業市場中，大部分的課程都有許多競品，所以對於課程講師會有許多考量。在講師介紹中，佐證專業能力的方式有許多種，有教學經驗者可簡述過往教學經歷，包含放入過去講課經驗的現場照片、與學生的合照、學生回饋或推薦，若是曾有知名企業的授課經驗則更佳。

　　無教學經驗者則可簡述過往強大的工作經歷，例如厲害的作品產出，或透過部落格或寫書等方式的產出。不論是否有授課經驗，都可提供與教學內容相關資料來佐證，例如：作品集連結、發行的軟體程式、相關證照或比賽獎項等。

▍實際授課的照片，就是最好的證明（本圖為本書作者的演講照片）

Q21 如何決定課程定價？

線上課程的定價頗為藝術，因為也同時涉及學員的感受，如果推出更昂貴的課程，也會同時給予學員更高的預期（精品課），但若實際上課時沒有提供出這樣的價值感，對於講師品牌將有長期的殺傷力，不可不慎。反過來說，如果提供了高品質的課程內容，卻定價過低，也可能導致許多學生低估了其價值感，甚至可能會於購買後，因為忙碌而忽略收看這堂課，降低了完課率，非常可惜。

> **TIPS**
>
> 以臺灣的大眾市場來說，最主流的價格範圍大概在兩千至三千元左右，也可用這個指標來做價格的參考評估。要特別留意過低的價格很容易營造課程品質不佳的第一印象，此外也可能導致後續的推廣力道薄弱，例如難以打折，或是想找網紅幫忙推廣課程時，較難抽出分潤的空間等等。

市面上的線上課程價格範圍差異頗大，自零元至萬元的價格區間都有許多的課程，常見的定價策略是觀察上架平台的常見課程定價範圍（舉例來說：Udemy的許多課程，常常都是約三百多新臺幣就可取得，但Hahow的課程則以兩、三千元的定價為主）。此外，講師也可透過預計投入的成本進行推估，並預測購買人數，決定課程的定價。

根據筆者觀察，線上課程價格常見可區分為四個級距，分別為「免費課程」、「百元課程」、「千元課程」及「萬元課程」等價格區間帶類型，以下說明並列舉相關案例。

免費課程

　　免費課程通常具備一定程度的行銷目的，例如二樓知學團隊推出的三十八分鐘的短時數免費課程「Motion Graphics新手村｜Ai+Ps超實用攻略」，吸引許多學生參與課程，而想深入學習的學生即可延伸報名更進階的付費課程，也算是一種增加購課率的技巧；此外，也有一些側重於具有社會意義的公益課程，也會透過免費課程進行訊息的推廣。

百元課程

　　百元課程則通常以較短時數的精準學習或小品直播課程為主，例如筆者於Hahow平台開設的「圖表力×分析力×AI輔助：用資料視覺化說出好故

零元或是百元課程很適合安排作為幫助學員跨入更高價格課程的推廣活動，也能更認識講師的風格（圖片來源：筆者的百元直播課程）

事！」，課程時間長度為七十分鐘，專注在有限時間內，將某項知識議題說明清楚，並於課程中推薦延伸可參考的長時數進階課程。

千元課程

千元課程是臺灣目前的主流定價範圍，例如筆者開設的「資料變決策！商業圖表製作與視覺化分析的技術」線上課程；此價格區帶的課程需要呈現系統性的價值論述，例如上完確保可習得某項技能，或是對特定領域建立了完整論述，能啟發、練習、實作等，相對於百元課程的知識論述需要更明確。

萬元課程

最後是近期興起的萬元課程，主打「精品等級」的課程定位，通常是由該領域的佼佼者或名人開立，提供較為系統性的長時數課程，透過一堂課學習特定領域的知識，或是嘗試回應主流學習市場的學習渴望；有時萬元課程也會提供額外的服務，像是與講師的一對一顧問資訊，或是提供額外的課程陪跑、線上訓練營等模式，提供更大的陪伴感，帶領學生進行學習。

課程定價區間與真實課程案例整理

	課程案例	金額
免費課程	● Motion Graphics 新手村｜Ai + Ps超實用攻略 ● Today at Apple：和攝影師Ada Lin用iPhone學習專業商品攝影	NT$0
百元課程	●〔筆者課程〕直播——圖表力 × 分析力 ×AI輔助：用資料視覺化說出好故事！	NT$500

千元課程	● 〔筆者課程〕資料變決策！從零上手Tableau大數據 視覺化	NT$2,580
	● 〔筆者課程〕資料變決策！商業圖表製作與視覺化分 析的技術	
萬元課程	● 從人生決策到創造好運｜簡少年的現代命運設計課	NT$9,800
	● 超級數字力｜一生受用的財務思維課	NT$15,800
	● 設計實戰全方位：私藏20位大師的設計思維	NT$44,700

TIPS

如果是與募資平台合作，應該由講師還是募資平台來決定
價格呢？這個也沒有絕對的標準答案，而更像是一個協調
的結果。筆者的策略是會先觀察平台不同定價課程的定
位，例如兩千與五千元的課程，可能在內容完整性與課程
長度有怎樣的差異，作為自己開設課程的定價參考。

Q22　如何預估課程的收入？

看到這裡，讀者是否好奇，那該如何估計製作課程的成本與收入呢？老實
說，線上課程財務面的預估並不容易，真的沒人敢說某堂課程一定會大賣，且
也很常出現跌破大家眼鏡，遠超出預期表現的課程。

線上課的收入分布極為兩極化，極少數課程可以賣幾千萬甚至破億元，
但許多課程則連投入成本都無法回收。若要評估收入，筆者建議可考量「平
台」、「主題」、「講師」三個因素。

平台面

通常先觀察一個平台的課程人數（可從排行榜排序做觀察），就可以知道這個平台的課程參與人數的大概分布狀況，例如有些平台可能會有出現破萬位學員的課程，但有些平台即使是排行榜的熱門課程，也可能只有數百人參與，可由此來估算收入狀況。

主題面

而「主題」則是指這堂課程是否有符合市場的剛性需求，例如語言、軟體、簡報、繪圖等等技能類別，都相對屬於有剛需的課程主題。然而，這些剛需的課程都已經有許多類似的競品了，反而有時候小眾但精準的課程，因為相對沒有競爭對手，反而擁有不錯的表現。

講師面

講師的過往聲量當然也是影響預期收入的關鍵要素，例如曾經製作出優質課程的講師，因為擁有良好的口碑，通常在課程剛開始時，就能擁有一定的學生人數表現，原因在於過往的鐵粉不需要猶豫，會很快就決定參與課程。

TIPS

有一些人會說，國外許多課程都只要幾百塊臺幣而已（例如 Udemy 平台課程），為什麼臺灣的課程如此昂貴？然而 Udemy 平台上的許多課程，都擁有破萬的學生參與，所以即使價格相對較低，以全球的市場人數作為基礎的話，依然可以達成可觀的銷售收入。

Q23 如何預估課程的製作成本？

在課程製作的成本估算方面，通常比例最高的是人力費用，也就是你自己或是團隊製作課程的時間投入，假設整體製課花費了六百小時，而每小時人力成本算六百元的話，至少就需要三十六萬的基本人力成本；這還沒有包括其餘的成本，像是添購硬體設備，或是另外聘用的影片剪輯人員人力等；分享一些常見的課程製作成本項目，除了人力外，也還有像是委託團隊進行市場調查、募資影片製作、社群經營、廣告投放等等可能衍生的成本。

我們可以試算看看，假設開設一堂三千元的課程，而跟平台採取5：5分潤（每賣出一堂課就取得一千五百元的收入），若有兩百名學生參與課程，則收益為3000×0.5×200，等於三十萬收入，這甚至無法打平上述的三十六萬基礎成本計算。

所以，納入成本的估算後，就知道製作課程真的並非一定會賺錢！收入不足以打平成本支出的課程也很常見；但如果有打中市場甜蜜點，對於講師來說，後續幾乎沒有製作課程成本，只要課程內容品質足夠，線上課程將會成為講師的被動收入，後續僅需要少許的客服與內容維護成本。

PART 3

課程行銷

線上課程行銷，是被許多人忽略的重點任務！對
於學生而言，只要透過網路就可以立即加入特定
課程，課程的切換成本極低，在家裡就可以從眾
多選擇中挑選喜歡的，甚至也能選擇國外的課
程；這同時也意味著每堂線上課程必然面對強烈
的競爭，知名的課程將獲得大部分的關注。

記得我們在 Part 1 課程啟動時，有聊到一個問
題：「我是素人講師，也能夠開設線上課程嗎？」
人人可以錄影片的時代，線上課程的挑戰已經不
是「是否能開設」，而是「開設後，是否真的有足
夠學生參與呢？」辛苦製作的課程，結果最後參
與的人數稀少，甚至無法彌補投入的製課成本，
是許多講師擔心的事情。

在各種資訊不斷爭奪注意力的時代，講師常出現
這些內心拷問：「會有多少人看到課程？」「課程
會賣得好嗎？」有時候參與學生數少，不一定是
課程內容品質不好，而是沒有搭配適當的行銷技
巧，讓想要上課的受眾知道有這堂課。本章將分
享筆者從講師視角觀察的行銷觀點，如果我們想
要開設一堂線上課程，可以做哪些事情來吸引更
多人參與呢？

本章節規畫三個段落,「3-1打造知識品牌」說明如何在開設線上課程前就開始累積講師的知識品牌,學生對課程的好感度,與講師的知識品牌層級有高度相關;「3-2上線前行銷」著重在課程上線之前的行銷工作,吸引第一批學生參與,重要的任務包括舉行課程募資、拍攝行銷影片、建立課程網站,以及課前問卷蒐集等等;「3-3上線後行銷」則說明在課程上線後,還可以透過哪些行銷策略擴大曝光,並吸引更多學生加入。

線上課程三大行銷階段

打造知識品牌	確認啟動課程企畫	上線前行銷	上線後行銷
評估品牌層級 向上升級路徑 關鍵行動策略		募資活動 課程網站 宣傳影片 課前問卷	講座推廣 內容行銷 廣告投放 口碑經營

課程行銷時間軸

3-1

打造知識品牌

　　知識品牌跟線上課程的關係為何呢？在網路時代，品牌識別對流量的影響力巨大，即使你對自己的能力很有信心，也需要提供讓受眾了解你的管道，打造出獨特的知識品牌。

　　何時要展開行銷或是知識品牌打造任務呢？筆者認為「越早越好！」更白話來說，如果你有開課的企圖，那你過往累積的經驗、花心思所寫的文章、開設的社群都將屬於「行銷知識品牌」的一環！在正式進入線上課程企畫前，最理想的狀況是講師已經有許多流量，例如部落格、社群或 YouTube 等平台上的粉絲，如此一來，待課程資訊公布，就能馬上吸引許多人參與課程。

　　如果自己缺少品牌識別和流量，也可以考慮與商業課程平台合作開課；然而，平台也大多會優先選擇「具有知識品牌識別度」的老師作為合作首選。即使你本身有極好的實力，在開課前還是需要累積知識品牌口碑與專業作品的曝光！以筆者的經驗來說，也是因為之前出版了幾本關於數據分析主題的書籍，進而收到了課程平台的邀約，展開線上課程的旅程。

　　本段落分享打造知識品牌的兩項重要提問：

● Q：如何評估自己的知識品牌層級呢？
● Q：如何提升知識品牌知名度？

TIPS

根據筆者的觀察，在線上課程產業剛開始蓬勃發展的階段，大約2019到2020年這段時間，如果你有一些專業能力表現，就已經達成開課的門檻。然而，到了2023年，許多團隊在找尋合適老師時，除了能力之外，也會納入「流量」因子的考量；知識品牌的知名度，可以說越來越重要。

Q24 如何評估自己的知識品牌層級呢？

越是認識一個知識品牌，對其好感度越高，人們也越可能追隨某個講師的資訊，並轉化成實際的行動支持。有些人會搞混「實力」與「知識品牌」兩者的關係，即使你實力再好，也不代表你已經具備品牌的識別度；品牌應該是「我這個人，帶給其他人的感受」，並非你自身的感受，更不要落入了自我感覺良好的陷阱中。

TIPS

知識品牌與實力互為魚幫水、水幫魚的關係；我們不時會聽到許多講師「跌落神壇」的案例，當講師的知名度越來越高時，市場也會採用更高的標準加以檢視。有心耕耘知識品牌的經營者，務必不能忽略持續累積實力與輸出作品的重要性。

更高的知識品牌層級，當然也會需要對應更多的注意力成本投入，筆者將知識品牌區分為五個層級：「朋友懂你、素人高手、領域專家、知名講師、權威名人」，並歸納了不同層級的外部觀點與推薦的前進策略。

—————— 知識品牌的五個層級 ——————

Level 1	Level 2	Level 3	Level 4	Level 5
朋友懂你	素人高手	領域專家	知名講師	權威名人
印象你好像擅長這件事情，問你看看好了	很少人聽過我，但朋友都認同我有這個才藝	看到這份職涯經歷，應該是個有實力的人吧	許多人都想主動找你合作，或是推薦別人來找你合作	大家聽到這個人，就會忍不住稱讚！

Level 1：朋友懂你

〔外部觀點〕印象你好像擅長這件事情，問你看看好了

〔前進策略〕主動在朋友圈分享知識，累積自信心與教學經驗

Level 1層級是知識品牌的起步階段，也許你覺得在某個主題上有興趣繼續發展，而且朋友還真的偶爾會主動問你：「記得你好像很擅長，要試試看嗎？」推薦讀者可以留意生活中這樣的訊號，或許這就是你潛在的擅長領域，且正在萌芽當中，有機會繼續發展為更深厚的知識品牌。

可以與身旁的同事、朋友分享自己的知識論點，先在朋友圈或是同溫層嘗試「主動知識輸出」，像是自主舉辦讀書會或分享會，如果幾次下來都能取得不錯的反饋，並累積自信心後，可以繼續擴大迭代與更多人進行交談與分享，找到更多提升自信心的方法。

TIPS ——————

建議可以把「知識品牌」拆分成多個維度來看待：「實力」、「教學力」、「人格特質」。屬害的人不一定很會教，會教的人的磁場也不一定跟學生契合；但學生想找的是「會做也會教，並且適合我」的人。在知識品牌的起步階

段，除了提升實力的自信心之外，也可檢視自身對於教學的能力與熱情，並摸索自己的教學風格。

Level 2：素人高手

〔外部觀點〕朋友已經認同我有這個技能，但朋友圈以外很少人聽過我

〔前進策略〕分享作品、寫Blog、拍影片、參與競賽、架設品牌網站

　　如果你已經具備實力，且認識的同事、朋友也都認同你擁有某項專長，身邊周遭的人對你有一定的品牌印象，然而並沒有任職於有名的公司，或是比較缺乏知名品牌的專案經歷，筆者稱這類型的品牌為「素人高手」。許多上班族都屬於此類別，在工作上投入大量時間磨練特定技能，累積多年經驗而成為了高手；然而，即便能力再好，如果缺少市場認同，依然較難公眾化地將職業與特定知識品牌掛勾在一起；從行銷的視角上，素人高手要取得陌生學生的認同依然很有挑戰。

　　如果沒有黃金履歷，推薦給「素人高手」的行銷策略是持續輸出、擴大曝光！也就是更主動積極對大眾分享，或乾脆直接推出相關作品吧！舉例來說，如果你畫的圖極具識別度，很多人說想跟你學，那就乾脆開一個部落格、IG或是YouTube頻道，大膽對市場輸出分享你的作品吧！此外，參加競賽也是很好的策略，當你已經得到大獎的認可，曾在高階競賽中獲取名次，或是許多名人都是你旗下的學生等等，成為「老師的老師」，又有誰會質疑你的實力呢？

　　補充說明一點，為什麼使用「素人」這個詞。主要是指許多實力強大的人，可能所屬的工作較不知名，或是負責的專案缺少大眾的熟悉度，面對市場時，需要較多的溝通工作。但如果你本身就在像是Google、微軟等知名企業上班，又或者負責的是可口可樂、7-11等知名品牌的合作專案，本身就已經跳脫了「素人」的品牌層級，可直接前往閱覽下一個「領域專家」的層級。

Level 3：領域專家

〔外部觀點〕應該是個很有實力的人吧，但他適合教我嗎？

〔前進策略〕搭配職業或經歷背景，分享對應的知識來輸出

領域專家與前面的素人高手類似，筆者會說兩者都是很有實力的人，但「領域專家」的職涯經歷，也許更靠近公眾一些。舉例來說，如果你本身是一位「知名日本料理店的廚師」，擁有超過十年的日本料理餐廳資歷，開設日本料理的線上課程，似乎更合情合理，故事也很容易被推廣出去；對產業內的人士來說，雖然不認識你，但談到你的資歷，就已經認同你的專業能力。

然而，市面上依然可能有幾百位在知名日本料理店工作的廚師，類似於提供給素人高手的建議策略，領域專家依然需要持續曝光相關作品，累積潛在受眾的信賴度；同樣的邏輯可以套用在任何專業領域：語言、音樂、軟體、舞蹈等等。即使你已經擁有很好的專業職業角色，仍然需要系統性的技巧來提升知識品牌識別度。

在輸出策略的部分，因為已經有一個滿明確的角色定位，例如對於「知名日本料理店的廚師」來說，架設一個 YouTube 頻道，持續輸出各種日本料理處理的知識影片，就顯得更合情合理了，也能吸引到很精準的受眾客群。

TIPS

> 如果你擁有特定的職業角色經驗，也建議維護職涯個人履歷，例如在 LinkedIn 放置資訊或是架設個人網站，建立一定的品牌信賴度，讓大家能夠在網路公開資訊中找到你的相關經歷。
>
> 然而這裡也有一個小提醒，當你決定開設線上課程後，很可能會觸及到大量的受眾，這之中可能包括你的同事、老闆等等；如何溝通開課對公司的效益，同時避免被質疑工作分心，是可先思考的議題。

Level 4：知名講師

〔外部觀點〕許多人都想主動找你合作／推薦別人可以找你合作

〔前進策略〕持續輸出，維持輸出的品質與數量，並找尋專業的輔助夥伴分工

第四層級的知識品牌為「知名講師」，通常會指已出版主題專書、部落格追蹤人數／頻道追蹤人數達一定標準，或是累積一定的授課經驗、品牌口碑推薦，已擁有一定的基礎受眾追蹤，新舊合作單位的課程與合作專案邀約，也會主動陸續找上門。

在此階段的知識品牌，通常是已經摸索出自己知識品牌的流量策略，例如持續出版、持續寫部落格、持續拍影片等等。然而，此階段的人有時會因為收到過多的邀約，反而影響了原本輸出的品質與頻率，建議此時可以找尋合適的工作夥伴（或成立公司聘請員工）來協助，輔助輸出並分擔掉部分工作量，持續擴大知識品牌的影響力。

Level 5：權威名人

〔外部觀點〕大家聽到這個人，就會忍不住稱讚！開課當然超想參加！

〔前進策略〕持續擔任知識推廣大使，持續累積品牌價值感

權威名人等級的知識品牌指的是「一想到該領域，就會想到這個知識品牌」，通常具備大量的自媒體聲量或教學口碑，或曾推出大賣的優質線上課程。透過口碑與形象的反覆傳頌，大家聽到這個人，就會忍不住稱讚！如果有開課的規畫，立刻手刀報名。這也是知識品牌的理想願景。

對於權威名人知識品牌來說，持續提供作品產出依然是重要的；然而此階段的講師通常已經自帶口碑流量，會有許多人代為分享；同樣需要避免過多邀約，導致身心疲乏的狀況，並過濾出真正適合自己的表演舞台，而非所有的邀約都全數承接，而是持續擔任知識推廣大使的角色，擴大影響力。

TIPS

所謂的知識品牌層級，不一定只有狹隘地專指「知識的實力」，也可以是特定組合的「知識 × 影響力」統稱。例如有一些知識品牌走的是更娛樂性、教育性的風格，可以得到更細分而精準的客群追蹤。

舉例來說，如果以健身知識品牌為例，也可以區分為「曾得到世界大獎的職業健身」知識品牌，或是「最能夠把健身知識科普化」知識品牌，又或者「專門教70歲以上長輩健身的教練」等等定位。端看你最想要經營的品牌識別，會是哪一種面向呢？

Q25 如何提升知識品牌知名度？

　　延續前一個提問，如果希望提升知識品牌知名度，有哪些有效的策略呢？過去的廣告會透過實體海報或路邊傳單的方式曝光資訊；然而在網路時代，知識品牌或線上課程的行銷策略大多是數位導向的，像是透過網頁、社群分享、行銷廣告等方式來進行行銷推廣（俗稱打空戰）。

　　講一個實際的時間軸範例，如果你已經確定想要在2024年5月開設一堂「法式甜點課程」，理想上從2023年，甚至是更早的時間點，就可以開立IG或是YouTube等頻道來放置你的專業作品了；不一定要等到課程企畫完工，或是課程網站架設完畢後，才開始進行相關行銷任務。

TIPS

如果讀者覺得自己並不擅長寫文章、拍影片等等行銷手法，也可透過「寫書出版」、「取得專業認證」、「競賽得獎」等方式來擦亮知識品牌。這些外部認證與獎項也和其專業性及權威性高度相關。舉例來說，如果曾拿過奧運獎牌，或是拍攝出金馬獎得獎影片等等，相信不會有人質疑你的體育能力與影片品質，也更容易獲得關注。

　　以下整理了四項常見的品牌推廣策略，包括「建立個人品牌網頁」、「進行社群經營」、「產出高品質內容」、「主動應徵演講者」。個人品牌主頁是最基礎的，讓大家找得到你；而是否要經營社群、分享高品質內容，還是主動投稿應徵演講者，則端看你的特質而定。有些人喜歡透過文章與讀者接觸，有些人則喜歡透過拍攝影片的方式來分享，建議挑選自己喜歡的模式優先進行，找到能夠持續輸出的偏好。

提升知識品牌行銷策略整理表

策略	優點	注意事項
建立知識品牌網頁	● 知識品牌必備，不論是建立獨立網站，或採用 IG、YouTube 主頁等方式，皆能達到曝光引流作用	● 依賴不同類型網頁的建置經驗（網站／頻道） ● 需要建置與經營的管理成本
經營品牌社群	● 是許多人的資訊接收管道，流量效果佳 ● 可委託他人協同經營	● 可能會有比較多瑣碎的管理工作 ● 並非每個人都喜愛／適合經營社群
持續輸出高品質內容	● 適合展示高品質的文字與專業實力 ● 運用 SEO，若能讓部落格或品牌頁面排行到 Google，能有極佳的引流效果 ● 存在網路的時間久，資訊不會被洗版	● 需擅長文字傳達，且文章撰寫很花時間 ● 需要沉澱、綜整知識，才能完整輸出 ● 受演算法影響
主動應徵演講者	● 活動的精準受眾群體 ● 幫忙曝光知識品牌	● 不一定會被接受 ● 需要花時間準備，且並非每場分享都有合適的行銷效益

策略一：建立知識品牌頁面

　　如果想要打造知識品牌，建議可以先從建立個人品牌的網頁開始。此項任務可以幫助我們建構自身的知識系統，找到你最想要投身的關鍵字。後續則可在任何有曝光機會時（例如：演講、分享文章），分享此個人品牌主頁。

TIP/

> 個人品牌網頁不一定都是網站類型，有些人是透過IG、
> YouTube、Facebook作為品牌頁面，當然也是沒問題的！
> 只是網站可以更系統性地收納資訊系統，或是彈性修改收
> 納的內容，有點像是數位環境的名片。

　　在個人品牌網頁中，重點在於對市場溝通「你的個人關鍵字」，例如#數據分析#資料視覺化#Tableau就是筆者持續深耕的關鍵字，為了讓公眾認同你具備此關鍵字的實力，要累積的可真不少。

　　此外，每個人可以掌握（或是期待掌握）的關鍵字數量不一，有些人擅長將單一主題關鍵字發展到極致，有些人則擅長同時整合多項專長關鍵字，例如#健身#搞笑也是某種組合關鍵字，讀者可思考看看，你想要發展或是有信心發展的關鍵字組合為何呢？

　　個人品牌主頁中，除了基本資訊，請放上你最得意的作品（出版／專案／學經歷／經驗等），形塑專屬於你的個人主頁風格，是曝光品牌與行銷線上教學的重要管道，可以讓有興趣的人更深入了解你的基本資訊。也別忘了放上你的聯絡方式，理想上可以直接放置聯絡表單，縮短瀏覽群眾與你的距離。

TIP/

> 如果想建置個人品牌網頁，現在並不需要高深的程式碼技
> 巧，已經有很多的快速模組搭建服務，無須撰寫程式，就
> 能建構出專屬於你的個人網站。分享筆者常用的幾款平台
> 工具：WordPress、Wix、Strikingly＆Weebly；這些平台能
> 夠幫助使用者快速製作網站（通常一到三天就可完成），
> 並根據需求提供免費／付費網站模板讓使用者可套用，或
> 可延伸增加一些外掛功能，例如問卷或表單、部落格、電
> 商平台等模組，並可自行調整版面配置與外型風格設計。

策略二：經營品牌社群

如果想要提升品牌知名度，也可以考慮經營主題社群或是開放自己的個人頁面，社群是重要的知識品牌曝光管道，對於講師的知識品牌以及後續的課程流量有正面的幫助。

常見的社群經營選項包括：Facebook（Meta）、Instagram（IG）、YouTube頻道、Podcast頻道、Line群組／社群、X（Twitter）等等；而如果細分，Facebook還可區分為「粉絲專頁」以及「社團」，如下表整理：

常見的社群經營管道與優缺點

管道	優點／特性	缺點／注意事項
Facebook 粉絲專頁	● 使用人數眾多 ● 建立成本低 ● 方便投放廣告	● 受演算法影響，通常需要下廣告才有較好的流量 ● 較不受年輕族群青睞
Facebook 社團	● 許多人會主動在社團中分享知識 ● 自然觸及率不錯	● 擁有演算法的不確定性 ● 需花時間管理社團的相關貼文 ● 不能下廣告
IG 商業帳號	● 年輕族群為主 ● 圖文、影片內容的傳播擴散力佳 ● 短影音創作觸及率高	● 擁有演算法的不確定性 ● 不適合呈現長文
YouTube 頻道	● 影音內容為主 ● 可以放更長的影片內容 ● 可邀請粉絲訂閱加開啟小鈴鐺 ● 可以有額外的廣告收入	● 擁有演算法的不確定性 ● 影音內容的製作成本通常較高
Podcast 頻道	● 聲音內容為主 ● 互動性高 ● 黏著度高，聽到一半比較不會切換	● 使用人數相對其他管道少 ● 無法透過影像輔助分享內容

Line 群組／公眾社群	● 精準的資訊推送管道 ● 成員看到的機率高 ● 在亞洲有高度的使用率	● 較少自然流量，需要主動曝光引流進入群組 ● 群組常常需要管理回文／回應內容或是刪除廣告
X（Twitter）帳號	● 快速的文字內容更新 ● 更容易觸及國際群眾	● 在臺灣的流量相對較低

以下針對每一項補充說明：

● **Facebook 粉絲專頁**：提供文字混搭影音內容為主，適合作為品牌持續發布資訊的管道，並與粉絲留言互動，可更了解受眾想法。然而，Facebook 粉絲專頁的自然觸及率低，需要搭配廣告預算來增加曝光度。

● **Facebook 社團**：與粉絲專頁不同，社團的每位成員都可自由發言，有時會自然吸引對於相同主題感興趣的學生加入，也可作為後續行銷對象；如果在社團貼文的內容品質夠，可以擁有不錯的自然觸及流量。

● **Instagram 商業帳號**：以圖像和影音為主要內容形式，是目前年輕族群主要使用的社群平台，許多知識品牌和線上課程在 Instagram 上展示他們的品牌特質，非常適合用來設計風格和品牌色調貼文。IG 上的短影音創作，相較於純文字貼文，有不錯的觸及率。講師也可以透過短影音剪輯分享知識或經驗，在社群上增加曝光度與散播率。

● **YouTube 頻道**：影音為主的資訊管道，供潛在受眾在每部影片下留言互動，可以提供完整的講師品牌識別感，也是最貼近線上課程的呈現模式。

● **Podcast 頻道**：聲音為主的資訊管道，使用人數較少，但聆聽時的忠誠度高，比較少切換；許多品牌會同時經營 YouTube 與 Podcast 頻道，

同時拍攝 YouTube 影片並收取 Podcast 聲音內容上架，一魚兩吃。

- **Line 群組／社群**：非常普及且緊密互動的通訊軟體，以文字訊息、圖像和影音傳送為主。Line 可以建立私人群組或是公眾社群，在群組或社群中分享資訊、交流與經驗分享。
- **X（Twitter）**：文字為導向的資訊平台，相較於其他管道，更有機會觸及到國際訪客；然而在臺灣的使用人數較低。

TIPS ————————————————————

雖然以上列出許多選項，但不一定全部的平台都要經營，建議可專注於一至兩個主要社群來主力經營，避免因為壓力過大而停更（暫停產出內容）。

策略三：持續輸出高品質內容

寫過部落格的人就會知道，要持續產出高品質內容並不容易，如何分配出時間是頗有挑戰的事情。然而，內容的品質是不會說謊的，高品質與低劣的內容邊界並不模糊，能夠提供高品質內容的人，通常也具備有堅強的知識實力。

常見的內容輸出可分成兩大類：「文字」與「影音」。常見的文字內容輸出管道為部落格與電子報，兩者都提供了「訂閱」的功能，不要小看這些訂閱的對象，他們是強力的品牌聆聽者，且我們可以透過像是 Email 等方式將內容直接送進對方的信箱中，而不會被社群演算法所過濾掉，是一個轉換度很高的行銷管道。

此外，文字內容輸出也有利於檢索系統的 SEO 分數，高品質的內容如果被轉分享／引用，而提升搜尋引擎的排名，對於知識品牌有非常大的加分！受眾透過檢索，而被導引到對應的知識頁面，這絕對是絕佳的行銷管道。除了文字

之外，許多人則是透過影音輸出，例如拍攝知識影片或是短影音（Short）來做推廣。

　　不論是寫部落格或是電子報，都需要作者投入一定的注意力才可完成，現代人擁有許多不同的資訊來源與管道，品質不佳的內容對於品牌會有殺傷力。在文字創作的視角上，雖然大抵上是建議更持續性、頻繁地發布，然而優質文章更能持續在搜尋引擎上擁有好的排名。所以筆者建議文字的寫作上以「品質＞頻率」的準則為主。然而，如果是電子報，具備有「報」的特性，所以讀者會期待有比較高的更新頻率，創作者的輸出壓力會比較大，雖然觸及率良好，依然需要斟酌適合自己的輸出策略。可斟酌選擇策略使用。

TIPS

> 優質產出的內容，也可主動在相關社群分享，或是在自己經營的社群下廣告，以此行銷推送出去，引導更多的流量到線上課程網頁，並帶來更多粉絲追蹤或課程曝光。

策略四：主動應徵演講者

　　對於有心經營知識品牌的人來說，主動應徵演講者也是一項很好的策略；如果能夠在一些重要的研討會、課程等資訊節點進行曝光，當然對於知識品牌的推動會有很好的幫助！雖說這些活動的舉辦方，通常也都會希望找到相對知名的品牌作為演講者，然而筆者認為，如果你對某個專業議題有自信，真的不妨主動嘗試投稿，反正失敗了也沒有損失，但若能獲得青睞，有機會站上舞台，又成功做出一場好的演講或課程，對於自信心與知名度都有非常正面的幫助！

TIPS

如果你開始擁有一些名氣，可能會收到各類的活動／研討會邀約，不一定都需要主動應徵。此項策略是提供給品牌相對入門者的建議，勇敢地站上舞台，除了能幫助聽眾了解你，有時也能幫助你更了解自己，藉由這個機會，梳理自己真的想分享的知識，以及自身的品牌定位。

3-2
課程上線前行銷

當擁有一定的品牌知名度後，更可以考慮來開課了！如果你已經累積了知名度，有時課程平台團隊或課程單位會主動詢問是否有興趣一起開設線上課程。在課程上線前，若能先展開行銷工作，累積對這堂課感興趣的潛在受眾名單，等到課程上線後，通常這些追隨者會比別人更早決定參與課程，累積早期的參與人氣。

Q26 有哪些課前行銷的重要任務？

本段落主題為「上線前行銷」，指的是在課程正式發布之前，先安排一些預行銷活動，累積開課前的聲量。廣義來說，前一段落分享的知識品牌建構，屬於課前行銷的一環。本段落則是分享在「決定要開課了！」之後的重點行銷工作，以下分享筆者以講師身分與課程團隊合作時，所經歷過的相關常見課前行銷任務，按照時序排列分別為：確認進行課程募資、發放課程問卷、建置課程網站（並同時拍攝行銷影片）、舉辦前導直播等五項。

── 課程上線前行銷的相關任務 ──

　　特別把行銷影片放在課程網站中，是因為影片很適合在短時間就讓受眾了解課程的價值定位，相對於文字，能夠更快吸收，也能馬上掌握這堂課的講師風格。更多課前行銷任務的重點，如下表整理：

── 課程上線前行銷任務表 ──

項目	任務重點／行動項目
判斷是否進行課程募資活動	● 提升課程的聲量 ● 取得早期學員名單 ● 提早確認可用來製課的資金
發放課程問卷	● 取得潛在受眾的意見 ● 了解受眾的統計輪廓（例如大概的年齡層／性別） ● 收取對課程感興趣的潛在學生名單
建立課程網頁	● 收納相關的課程資訊 ● 提供留言與提問的專區 ● 提供後續上課的引導入口
拍攝行銷影片	● 彙整課程的價值核心論述 ● 提升整體課程的質感與品牌印象 ● 讓學生了解講師的口條與風格
免費課程前導直播	● 提供潛在受眾試聽、交流與宣傳效果 ● 蒐集課程的潛在參與名單 ● 說明課程的特色 ● 提供 Q&A 互動討論機制 ● 錄製為可反覆播放的內容

根據以上的流程，延伸提出以下重點提問：

- Q：是否要透過募資來籌措課程資金？
- Q：如何設計課前問卷？
- Q：拍攝課程行銷影片的考量有哪些？
- Q：建置課程網站有哪些重點？
- Q：舉辦課程前導直播的優點？

TIPS

將「課程網站」放在本段落的原因，由於所有行銷的流量通常都會導引到課程的主頁，學員在實際做出購課行動前，也需要更細部了解所有關於課程的資訊，因此在本段加入分享關於製作課程網站的重要考量點。

Q27 是否要透過募資來籌措課程資金？

上線前行銷搭配「課程募資活動」是一個常見的策略，指的是邀請學生於最早期就投資這堂課程，鼓勵老師開課，而老師也會提供早期優惠，類似於「早鳥價」的概念，讓學生透過較低的價格入手課程。

募資為什麼重要？

為什麼這麼多人開設課程採取募資模式？募資可以炒熱氣氛並預先掌握課程的製作費用，有時甚至在課程上線前，就確定已經可以取得高額的財務收入，同時擁有極佳的行銷效果！

在募資活動期間，許多人在選擇課程時會衍生「追隨」的行為模式，也就是如果看到一堂課有許多人參與或是有好的評價，受眾會更容易決定參與該堂課程。更直接來說，如果在募資第一天就能達標（有些甚至是募資活動開始後的第一小時就達標了），代表馬上累積了信賴度，後續也可使用「募資活動開始一天達標的課程」作為行銷賣點，吸引更多追隨者加入。

如果搭配「於募資期間可以六折購課」等等的標語，也可營造出時間稀缺性，對於許多潛在受眾來說，能夠加速決策的速度；有時也會同時搭配「多人購買折扣」、「幫忙分享取得折扣碼」等等的行銷策略，提升相關行銷曝光效果。

TIPS

提醒，課程募資並非都會成功，募資成績不理想的課程處處可見！進行課程募資是一把雙面刃，能夠快速鑑識出課程的熱度，如果一堂課程無法順利累積買氣，反而對於品牌有負面影響；然而，從投入成本的角度來看，如果真的募資不如預期，甚至沒有達標，雖然前期的成本投入已無法收回，但確實可以省去後續製課的時間成本，也是一項早期市場調查策略。

募資門檻如何設定？

該設定多少人作為募資課程的門檻呢？比較常見的是設定三十人、六十人等等；門檻設定較低的話，除了更容易達標之外，也有一些行銷的效益，例如募資三十人，而目前有三百人購課的話，就可以使用「超過1000%募資門檻」等等行銷標語。如果你的募資初衷是確保有足夠的收入，也可設立較高的募資通過門檻，確保取得合理的製課資源。

TIPS

> 到底要募得多少錢，才能夠打平未來的製課成本呢？這也是一個難有標準答案的問題。筆者認為，如果要做出一個有競爭力的募資課程提案，拍攝行銷影片通常是必備的任務，如果再加上相關課程製作的投入時間，建議至少準備十五到二十萬的啟動成本。不過如果募資階段沒有取得這個金額，也不代表這次募資是失敗的，請記得募資只是行銷的一環，如果課程品質良好，即使是超過行銷熱期，也依然有機會持續帶來長期銷售收入。

要與募資專業團隊／平台合作嗎？

　　當確認想啟動募資，第一項任務是判斷是否與募資專業團隊合作，通常課程平台都會有這樣的顧問團隊，但也有一些平台之外的募資專業團隊。如果講師缺少募資經驗，強烈建議與專業團隊搭配，也能夠從中學習許多開課的細節，尤其在行銷環節上能夠得到許多幫助。募資活動仰賴許多商業經驗與細節規畫，凡事自己處理的話，很容易弄得手忙腳亂。

　　若是跟募資課程平台合作，由於課程平台通常有累積的既有會員，等於本身就自帶流量，可藉此得到基礎的行銷成效；而一堂課若越早募資成功，平台也會放更多行銷預算來提升這堂課的曝光影響力。此外，有些課程平台也會統一安排行銷檔期，在各大網路廣告行銷主打課程，以增加平台曝光率與營收，也可能有配置專業的行銷廣告團隊，會透過Google、YouTube、IG、電商平台等處進行廣告曝光。

TIPS

如果擁有一定的開課經驗或本身自帶流量，確實可以考慮自行募資，並省下給平台的分潤。此外，自己也可以擁有更高的課程製作／行銷自由度，如果有觸及到學生，這些名單也會由講師接收，有助於知識品牌的長遠發展。

Q28 如何設計課前問卷？

精心規畫好的教學內容，當然希望有更多人參與。但提供的課程菜單，是否真的能滿足學員的期待呢？學員對於課程售價範圍的期待，又在哪裡呢？這些疑問都可以透過課程問卷，在開課前取得更多線索。

課程問卷的用途

在線上課程正式推出前，課程問卷幫助我們整理受眾的基礎背景資料、興趣和學習需求等資訊，願意填寫問卷的人通常也是對課程主題有興趣的目標學員，如果願意花幾分鐘時間完成問卷，他們也屬於有較高購買意願的潛在客群，務必善待這些人。

TIPS

問卷同時也有行銷的效果，例如提供填寫者早鳥優惠或折扣，除了作為填答誘因之外，也可引導學員留下聯繫資訊，以便後續行銷活動、提供最新的課程消息，提高轉換率。

常見的問卷結構

　　課程問卷的常見結構包括：課程問卷引言、學員背景、學習痛點、動機與期待、價格接受度、填答謝禮等。盡量讓問卷可以在一到兩分鐘內填完，提升填答的意願。除了選擇題外，也可加入開放題，讓學員可以寫下他們對課程的期待。此外，課前問卷的一個重點也在於給予課程的折扣碼（或優惠券）作為答謝禮，同時也獲得填答者的聯絡資訊。

────────── 常見的課程問卷項目 ──────────

問卷內容	說明或題項
課程問卷引言	● 簡介課程的內容規畫 ● 說明問卷蒐集的目的，是為了更了解目標學生的需求，優化課程的設計
學員背景	● 年齡、性別、工作產業等基本資訊 ● 是否學習過課程相關知識 ● 課程相關知識的理解程度
學習痛點	● 遇到的問題 ● 希望解決的挑戰
動機與期待	● 個人成長背景 ● 職業發展 ● 興趣愛好 ● 學習特定的技能、知識或經驗
價格接受度	● 期待的價格區間
填答謝禮	● 感謝填答並給予小禮物或課程折扣碼
訪談邀約	● 詢問是否願意接受訪談

為什麼要做訪談邀約？

在問卷當中，也可以詢問對方是否願意接受訪談（通常安排一小時），事後可贈與小禮物或是課程折價券作為謝禮，並同時於表單詢問方便的時間。透過質化訪談，可以幫助我們在課程的初期，形塑出更完整的Persona輪廓（如果讀者不知道什麼是Persona，可翻閱Part 2課程企畫章節），有助於製作出更符合受眾需求的課程。

詢問受訪者的方便時間（圖片來源：Hahow課程問卷）

問卷分析

如何分析線上課程的問卷呢？首先觀察填寫的受眾輪廓，是否跟自己的預期相同，例如：原本以為核心受眾是二十至三十歲族群，結果發現填寫者大多是三十五歲左右的話，就可以考慮推翻自己原先的假想，重組以新的課程對象來發想課程規畫。

分析可以從量化與質化的角度來看，量化上可將相關的數字統計資訊視覺

化，看看是否有特別有趣的新發現，例如學生的可接受／願意考慮的價格，也許落於三千至四千元，而非原本預期的兩千至三千的範圍；此外，在「開放性問題」的質化問題段落，會發現很多學員在問卷中進行許願，這些願望也可能會是其他學員的願望，可以視狀況整合到課程的內容當中。

TIPS

分享幾個常見的線上問卷平台：Google Form、SurveyCake、Typeform 等。Google Form 知名度高、學習門檻低且可免費使用；SurveyCake 是臺灣團隊所建立，提供了好用的問項交叉分析功能；Typeform 則提供了良好的分層填答體驗。

Q29 拍攝課程行銷影片的考量有哪些？

當從問卷得到重要資訊，正式開始準備籌備課程後，通常會安排兩項重點任務：「拍攝行銷影片」與「課程網站建置」，而行銷影片通常也會放在課程網站最主要的視覺板塊位置。

影片的用途

行銷影片能夠幫助對象快速了解課程的內容資訊，也可稱為「課程形象影片」，而在募資活動中則稱為「募資影片」。通常是透過大約一到三分鐘長度的影片，濃縮課程的重點與精華，向潛在學生展示課程的核心理念和特點，並讓學生了解講師的說話氣場，又或是作為投放到社群的影音素材，讓有興趣的學員們在社群媒體上收藏、分享給朋友，以吸引到更多可能有興趣參與的人。

影片通常包括哪些重點資訊？

一部好的課程行銷影片，需要控制在簡短的時間內，準確帶出以下的內容：

- ● **打招呼**：講師可以先打招呼，拉近與影片觀看者的距離
- ● **標語**：請講師有信心、有力地說出「上課後可以學習到的知識效益」
- ● **講師經歷**：相關授課經歷、出版了哪些作品等等
- ● **課程核心**：課程主要帶出的知識核心說明、教學重點等
- ● **課程大綱**：大致的課程輪廓規畫，可分享第一層的目錄大綱
- ● **實作環節**：說明規畫了哪一些手把手帶著做的教學、可學到的技能
- ● **課程受眾**：說明哪一些族群最適合參考這堂課
- ● **CTA**：Call To Action將學生引導到課程網頁，提示可瀏覽更完整資訊

影片要製作到多精緻呢？拍攝成本大約為多少？

行銷影片的精緻度，大幅影響課程的參與人數，建議找尋專業的影片剪輯團隊來協作；優質的課程影片的特質包括：精準的文案、整齊的講師包裝、優秀的燈光、良好的課程架構與範例說明、優質的影像品質等等；老實說，透過本書用文字說明影片要做到多精緻並不容易，建議讀者在製作行銷影片前，先去課程平台上逛逛，挑選比較幾個募資表現優良的課程與狀況不佳的課程，通常能夠發現，原來課程行銷影片的質感，竟然可以有如此大的差距！

然而，優質的影片確實可能所費不貲，根據精緻程度的需求差異，行銷影片的製作成本從幾萬元到幾十萬元不等；然而好的行銷影片對於課程參與人數的影響確實巨大，許多人也會根據行銷影片的品質，作為未來課程內容的品質參考；低劣品質的影片，將會直接引起行銷的反效果。

Q30 建置課程網站有哪些重點？

如果我們把各種行銷管道比喻為道路，課程網頁就類似於「家」的功能，不論我們想要推廣新的課程資訊，又或是希望投放行銷素材，都需要一個課程網頁來作為資訊引導的終點；已經參與課程的學生可以到網站進行上課，而潛在尚未參與的學生，也能在課程網站中找尋自己所需要的資訊，或針對課程提出疑問。

課程網頁是線上課程的門面，提供了清楚的溝通入口，為課程帶來更佳的品牌感，並提供了方便的資訊整合環境；此外，理想上課程網頁也能作為課程討論與繳交作業等互動的地方，或是可以輔助引導到對應的上課功能入口。

筆者的線上課程網頁，是所有課程資訊的集散地，可以留意到左上角行銷影片放在很明顯的位置（圖片來源：https://hahow.in/cr/data-viz）

課程網站的用途

以下彙整課程網頁的幾項核心用途：

● **完整課程資訊匯流**：學員需要了解每一堂課程是否適合自己參與，課程網頁可同時公告課程主題、課程大綱、課程影片、講師背景等資訊，提供吸引人的課程介紹頁面，也可放入宣傳影片讓學員參考，或透過課程Q&A專區互動與諮詢，也有助於提升學員的信任感並解除購課相關疑惑；在開課後，也能在課程頁面上提供的互動功能交流課程相關資訊、繳交作業或進行問題討論。

● **關鍵字搜尋與SEO**：製作課程網頁內容時，可以在標題與課程介紹內容欄位，放入相關課程關鍵字，有助於讓搜尋引擎更理解內容，並提高課程在搜尋結果的SEO排名，拉入更多潛在學員們；例如：運用「插花＋線上課程」、「資料分析＋線上課程」或「俄文＋線上課程」，制定與課程相關的關鍵字，或透過研究課程競品採用的關鍵字來調整課程網頁內容的用詞。

● **呈現出講師的背景經驗**：課程網頁，通常也會提供講師的個人介紹、專業背景與相關經歷，幫助學生更了解授課老師的背景、專業能力和教學風格資訊。此外，也可以放入講師經營的個人網站或是社群帳號，建立公信力，有導流的效果。如果講師有一些作品集網頁、部落格、相關課程連結或出版經營等等，也都可放入課程網頁中，作為講師能力證明。

● **提供學生留言互動機制**：網站通常也會開設「留言區」，可以用來溝通與交流課程相關資訊並建立社群互動。留言區有新的提問或討論時，請盡量及早回應，建立「講師願意解答學生的問題」的觀感，讓學生感到他們的參與和回饋有被重視；此外也可以分享課程相關的參考書籍、網站等等，拉近學員與老師的距離。

● **導引課程購買流程**：網站通常也會作為一站式完成所有購課流程的管道，整合了金流、客服等等數位相關流程。

該如何建立課程網站呢？

讀者看到這裡，會不會心想：「哇！難不成我要先去學網頁設計，才能建立課程網站嗎？」當然不是，大多數的線上課程還是會以跟課程平台搭配為主，例如：Hahow、Udemy 等等（更多平台可參見附錄），這些團隊都有人可以幫助你完成課程的相關配置。

然而，有些人不想跟平台分潤拆帳，想要自己架設課程網站；以下分享三種建立課程網站的常見方式，分別為：與課程平台合作、自行上架至開課系統、自架課程網站，彙整如下表：

課程網站建立方式比較表

	方法一： 與課程平台合作	方法二： 自行透過開課系統上架	方法三： 自架課程網站
簡述	可獲得平台方的製課經驗或協助行銷，但須與合作平台分潤	自行成為開課系統的會員，並手動使用後台上架課程內容	可達成最大的客製化，但花費的精神與時間也較多
製作難度	較低	中等	較高
金錢成本	上架費用根據合作的平台方而定，此外後續的收入通常與平台進行分潤	以租賃方式居多，例如月費或年費。部分平台也會與講師抽部分佣金	手工開發，製作時間與金錢成本皆相對更高
功能彈性	仰賴雙方溝通，以及平台提供的系統模組而定	根據該開課系統提供的模板而定	可依需求自行開發，彈性較高
範例平台	Hahow、知識衛星、PressPlay	Teachify、Teachable	WordPress

- **方法一、與課程平台合作**：此方法是最簡單的課程網站架設方式；許多老師的專業並非開設線上課程，也非行銷專業，所以與課程平台合作是一項很好的策略（當然前提也需課程平台同意你是合適搭配的老師）；當雙方簽訂合約後，會有人引導講師登入後台，一步步完成課程網頁的建置。

- **方法二、自行透過開課系統上架**：已經有許多系統，將相關教學功能開發完畢，像是：Teachify、Teachable等平台。講師不需要委託他人，也不需要自己開發系統，就可將課程影音上架，平台也不會限定講師的知名度或經驗，只要你願意付固定的費用租用平台空間，就可配置對應的上課功能模組。然而，此方法的行銷就得靠自己了！講師要自己想辦法將流量導引到此課程網站。

- **方法三、手工自架課程網站**：若自己擁有開發的資源，或是希望最大程度地客製化，也可自架課程網站，筆者並不建議採取此種模式，非常耗時耗力，導致課程品質受到影響。當然也可以考慮委託他人幫忙架設課程網站，但線上教學網頁在許多方面不同於一般的商業網站，開發成本很可能遠超過預期。筆者過去也曾經擔任系統工程師，開發預算若是沒有個幾百萬，甚至數千萬，並不建議嘗試自架課程網站的模式。

TIPS

挑選合作平台就像是挑選伴侶，一旦簽約了就很難挽回，建議開課前多多溝通，了解彼此的期待與風格，最理想是自己親自上去瀏覽該平台開設的課程，或是請對方開立測試帳號，親手操作看看。業界有時會聽到講師與平台對於課程製作期待不一致的案例，建議可於簽約前多多溝通與確認彼此需求期待。

此外，每個平台的分潤規則也不同，如果採取的是第一種

> 「與課程平台合作」，講師可以相對專注於課程製作，因
> 為其他任務會有平台方給予協助。

課程網站的核心功能

假設要評估合作方的系統功能，或是真的下定決定要自己開發的話，課程網站有哪些重點功能呢？

不同的課程網站模組各有差異，挑選合作平台時，務必考量學生前台體驗的完善度，以及講師後台上稿的方便度；以下區分「學員角度」與「講師角度」來盤點重要功能；此外，如果是募資型的線上課程，也會加入相關募資參與的功能。筆者彙整常見功能如下表，供讀者參考。

線上課程網頁功能模組整理表

項目	常見功能整理
學員角度（前台）	
學員購課功能	註冊／登入／登出、購物車、課程購買、課程退費
學員上課功能	瀏覽課程、上課進度、作業區、測驗區
相關留言功能	講師提問區、課程討論區
評價功能	課程評價的新增、修改、刪除
相關作業功能	課程作業的新增、修改、刪除
講師角度（後台）	
講師資訊設定功能	講師描述設定、講師經歷設定等

課程設定功能	課程名稱配置、章節設定、課程目錄介紹、作業設計、測驗設計、公告區、課程問答
行銷影片上架	行銷影片上傳、影片預覽圖配置
教學內容上架	課程影片上傳、教材上傳、字幕上傳
直播設定功能	辦理直播課程、直播後轉錄影片
價格設定功能	自訂課程售價、設定優惠代碼與折扣方式、募資功能、設定多元付款方式、聯盟行銷工具
課程數據追蹤功能	檢視學生課程開啟率、課程完課率等
銷售報告功能	行銷成效檢視、歷史銷售分潤報告、匯款紀錄等
作業相關功能	檢視學員作業清單、批改課程作業

募資角度

募資文案	相關募資資訊上稿功能
募資方案設定	募資價格設定、回饋方案設定

TIPS

　評估網站系統時，請區分「功能」與「體驗」。有些平台雖然有提供上課的「功能」，卻未能給予學員良好的上課「體驗」；差別在哪裡呢？所謂的上課功能，理想狀態，學員觀看課程時，能夠有課程的字幕，或可以暫停影片等；體驗可能就包括：學員是否能有效找到教材、學員是否可以記錄自己的觀看進度，或講師是否可以在課程中增加一些課程互動，以及上課介面的易用性與視覺美觀等等。

Q31 舉辦課程前導直播的優點？

　　網站製作好後，在逐漸接近課程募資尾聲，或是課程快要上線前的階段，推薦舉辦課程前導直播，進一步活絡課程聲量，協助「猶豫中的受眾，跨越購課的最後一哩路」。課程前直播是類似課程試聽會的概念，由講師親自講解課程分享的相關知識，請務必全力以赴，在直播中拿出熱情分享！

　　前導課程直播大部分會是免費的（「免費」兩個字對許多人來說深具吸引力），前導直播課程可摘錄部分課程所提及的知識系統或相關先備知識（例如拿出5%的內容分享），通常會舉行約一至兩小時的直播活動，除了推廣課程以外，更可以讓潛在學員試聽，體驗講師的上課風格與內容豐富度，決定是否要參與即將上線的課程，也記得要預留學員互動Q＆A時間。

　　此外，直播時也請將影片錄製留存，未來可透過社群媒體、課程平台或電子報等方式，再次運用與行銷。也請務必保留參與直播的學員名單，這些人有些或許已經成為粉絲了，但他們依然可能會因為生活的忙碌而忘記你或這堂課，務必將他們加入推播的名單中，有新的課程資訊可第一時間推送給他們。

TIPS

前導直播中當然要分享即將開設的線上課程，但要留意比例，講太多的話會有過高的商業置入感，造成反效果。此外也可以考慮在直播活動時分享限時限量的行銷折扣碼，例如在二十四小時內購課的話可以享有額外5%折扣等等。不過同樣要留意行銷比例，避免被質疑過度商業化包裝。

筆者開設新的課程前,也會舉行直播與潛在受眾互動(圖片來源: https://hahow.in/live-events/6385d7baa86bd16044174b56)

3-3

課程上線後行銷

　　銜接前述的課前行銷，在課程終於正式上架之後，除了基本維護和優化課程外，仍然建議持續進行課後行銷工作，讓課程被更多的學生看到，持續發揮課程的影響力，並擴大銷售的長尾效應。本段落整理了以下幾項重點提問：「有哪些重要的行銷方式？」「如何投放廣告？」「如何經營口碑行銷？」

Q32 有哪些課後行銷的重要方式？

　　課後行銷也是提升知識品牌層級的重要環節，在這個階段，你已經正式享有「線上課程講師」的光環，這本身就是一項重要的品牌履歷與作品。在課程上架後，最受關注的指標就是課程是否具有良好的長尾銷售狀況，這代表了課程的品質與後續影響力。

　　為了持續曝光，講師可以常態性透過各種「課程講座」分享課程，並持續進行「內容行銷」工作，特別是輸出與課程主題相關的內容；若想進一步擴大曝光範圍，則可以考慮與行銷團隊合作，進行「廣告投放」；最後則透過專業人士的推薦和學生的評價，經營「口碑行銷」。課後行銷的各項策略整理如下表：

—————————— 課程上線後的行銷策略與行動項目 ——————————

策略	任務重點／行動項目
舉辦課程講座	● 讓潛在學生能「試聽」課程 ● 展現講師專業度和課程價值 ● 討論課程內容或回應常見問題 ● 蒐集更精準的目標學員名單 ● 提供限時優惠折扣來刺激買氣
持續內容行銷	● 發布課程相關文章，輸出高品質的內容 ● 建立知識品牌聲望，增加學生的信任感 ● 搭配搜尋引擎優化，增加自然流量曝光
進行廣告投放	● 釐清目標受眾，了解學生痛點和需求 ● 設計廣告文案，包括圖文和銷售內容 ● 進行廣告投放，搭配購物節促銷活動 ● 推動聯盟行銷，找名人朋友協助推廣 ● 講師可以和數位行銷的專業團隊合作
經營口碑行銷	● 相同領域專業人士的口碑見證 ● 不同權威名人的學習心得推薦 ● 邀請學生提供課後評價和回饋

透過課程演講／舉辦免費直播推廣課程

在線上課程推出後，講師有時會收到一些單位的演講邀請，可以將正式課程的相關主題於演講時分享，除了有利於品牌擴散，也有機會轉化潛在的受眾。

此外，也可以舉辦免費的線上直播「課程講座」來進行推廣。採用免費和線上直播的方式，是希望能觸及到更多的潛在學生，這種策略是應用「價值階梯」的概念，藉由提供不同產品組合來吸引潛在客群。由於潛在學生對於正式課程可能仍在觀望，不一定馬上就能決定購買，如果講師能提供「免費」講

今天的分享，摘錄自我的線上課程中的 5%

📈 **Tableau 資料視覺化**
｜線上課程 （五星滿分｜7.5 小時）

https://hahow.in/cr/data-tableau

▎筆者在演講活動或是課程時，也會主動分享開設的線上課程（圖片來源：Hahow）

座，讓這些潛在學生「試聽」，他們就有深入認識講師和課程的機會，講師也可以在講座的結尾刺激銷售，或從中蒐集學生名單，作為後續的推廣使用。

　　通常在開課一段時間後，講師也會陸續蒐集到關於課程的提問，都可以在直播時進行回應或討論，讓已購買課程的學生和潛在學生都能夠有所收穫。

　　如果是免費的直播演講，理想長度約為一小時左右（包括Q&A），至多不超過兩小時為主。重點在於展現講師的口條、專業度並說明課程的實用性，讓學生感受課程的價值及含金量，藉此提升對講師的信任。而在講座的結尾，也記得要提供參與者明確的行動指引（Call To Action）：

● **鼓勵參與者購買課程**：講師可以提供連結，導引至課程的銷售頁面，並給予講座參與者專屬的優惠折扣，並搭配「限時優惠期限」或是「課程合購組合優惠」的設計來刺激買氣。

● **鼓勵參與者留下Email**：若參與者當下還沒決定購課，講師可以提供誘因（例如索取簡報或提供學習資源），請參與者留下Email，即成為更精準的目標學員名單，作為後續推廣使用。此方法也可以應用在實體教學中，提供學生更多課程資訊。

TIPS

免費的直播講座也建議進行錄影,影片在經過整理和剪輯後,可作為額外的學習資源,或是後續打包成知識產品,提供加值應用或再次銷售。

持續進行內容行銷

「內容行銷」是數位行銷的成功關鍵,在課程上線後階段,講師可以摘錄課程中的內容,透過撰寫文章/拍攝影片的方式持續傳遞知識價值。內容並不限於單一的形式,常見的有課程相關的教學文章、圖文或影片,另外也可能是採用Podcast、電子報、線上講座等形式進行分享。

此外,講師所分享的知識內容「品質」和「發布頻率」,充分代表了知識品牌的核心競爭力。好的內容品質,自然可以吸引更多潛在學生,並維持和現有學生的關係,也透過口碑,進一步強化知識品牌。這些內容可以透過經營的社群媒體來發布,也可以分享給現有的學生或粉絲,內容優質的話,他們還會再分享給他們的同溫層興趣對象。另外相關內容也可以放在講師的個人品牌頁面上,優點是不會像社群平台容易被新資訊淹沒,或受到平台推播演算法影響。

想要增加知識內容的網路曝光,除了投放廣告外,還有自然流量的管道,這就有賴於搜尋引擎優化(Search Engine Optimization,簡稱SEO)的任務,目標即是讓受眾在Google搜尋特定「關鍵字」時,讓講師產出的文章能出現在第一頁,提升點擊閱讀的機會。因此寫部落格文章時,除了優質的內容外,搭配SEO的技巧(例如讓關鍵字出現在文章標題、內容或圖片標籤中),就更有機會「占據」重要的關鍵字板塊,讓知識品牌與課程獲得更高的曝光。

除了辨別及經營重要的「關鍵字」外,其他會影響SEO表現的因素還包括「網站速度」、「網站結構」、「內部連結和外部連結」等。然而要提醒的是,內容行銷的核心重點還是在知識內容的價值以及分享數,SEO的相關技巧則為加分項目。

Q33 如何投放廣告?

　　為了擴大課程的曝光量,課程上線後的廣告,可以幫助我們觸及更多目標學員。廣告的投放包含幾個重要階段:課程受眾分析、廣告內容設計、廣告投放設定、追蹤成效評估指標,以及持續優化廣告投放方式。

────────── 廣告投放流程 ──────────

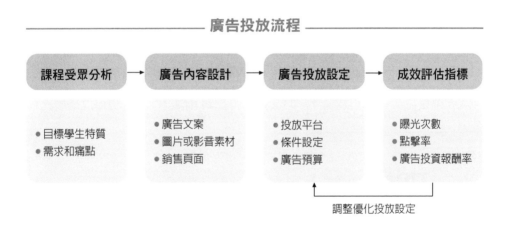

課程受眾分析	→	廣告內容設計	→	廣告投放設定	→	成效評估指標
●目標學生特質 ●需求和痛點		●廣告文案 ●圖片或影音素材 ●銷售頁面		●投放平台 ●條件設定 ●廣告預算		●曝光次數 ●點擊率 ●廣告投資報酬率

調整優化投放設定

階段一：課程受眾分析

在花錢投放付費廣告之前，首先需要了解目標學員的特質。為了將有限的預算投放給合適的受眾，可以透過Part 2所介紹的人物誌（Persona）技巧來描繪出各種潛在學員的輪廓，更精準地釐清他們的痛點和學習需求。更重要的是，要以此作為依據，規畫命中他們內心需求的溝通內容，讓學生知道這門課程就是專門針對痛點所打造的知識解決方案。

階段二：廣告內容設計

廣告內容包括文案、圖片、影片等素材，以及課程銷售頁和銷售活動。廣告中的資訊需要根據目標受眾的特性，創造容易引起共鳴的文案，找到有效的溝通切入點，並根據不同的投放平台特性來設計適合的貼文形式。可以採用多種廣告內容組合，再透過A／B Testing的方式來評估不同廣告內容帶來的成效（例如是否擺放講師頭像／搭配不同行銷標語等等），持續優化投放設定。

另外，廣告只是負責引流，真正的購買行為是發生在課程的銷售頁面，銷售頁中的圖文是否清楚好懂、能否直擊痛點、吸引學生繼續閱讀，並在最後促成消費，都是設計重點。銷售活動也是重要的環節，例如提供課程限時優惠、多人合購優惠，填寫問卷或分享貼文獲得折扣碼等設計，另外也可以搭配課程平台活動或購物節來規畫促銷方式。

TIPS

聯盟行銷（Affiliate Marketing）也是常見的行銷方式，透過合作夥伴在多種通路進行宣傳，並提供專屬的連結碼，若有消費者藉由這些推廣連結購買課程，合作夥伴也能透過分潤方式獲得收入。

階段三：廣告投放設定

　　廣告投放的常見社群平台包含Facebook、Instagram與YouTube等等，以Facebook為例，後台可以設定廣告受眾的特質，包括地點、年齡、性別和各種標籤設定；另外也可以埋設「像素（Pixel）」，用來追蹤受眾的特定行為事件（例如查看內容、加入購物車、開始結帳等），有利於評估各環節的優化策略，也有助於找出對產品有高度興趣的受眾（或擴大至類似受眾），進行更精準的行銷。

階段四：追蹤成效評估指標、持續調整優化

　　廣告工具通常可以提供監控數據，讓使用者能追蹤廣告曝光數、點擊率等指標，幫助評估廣告的效益，並優化廣告投放的細節設定。常見的監控指標例如點擊率（Click Through Rate, CTR）、轉換率（Conversion Rate, CVR）；另外也需要追蹤廣告成效指標，例如廣告投資報酬率（Return on AD Spending, ROAS），代表每投入一元廣告費用，所獲得的營收倍數，例如ROAS為2，代表課程營收是廣告成本的兩倍等等；也提醒廣告成本計算並不只有投放金額，也需要加入人力投入時間的計算，會比較精確。

　　最後想提醒的是，課程營收的高低，主要還是取決於內容是否能命中目標學員的需求，而廣告是帶來加乘的作用；高品質的課程投入廣告會帶來正面循環，品質較差的課程就算投入龐大的廣告預算，也難以回收成本。

TIPS

> 數位廣告行銷技術是一門專業，線上廣告投放技巧仍然有
> 非常多的細節，建議講師可以與平台搭配，加強廣告曝光
> 和課程銷售（例如導入更多優惠活動：三人合購優惠、或
> 滿人數解鎖單元、特定節日行銷活動等）；如果講師獨立

經營，建議可以考慮與專業的數位行銷團隊合作，讓專業的行銷團隊或專業廣告投手，協助操作廣告投放。

Q34 如何進行課程口碑行銷？

口碑行銷即是透過他人的評價和推薦，提升課程的形象。就像我們在找餐廳的時候，也會先參考這間餐廳的評價，了解大致的品質和使用者的體驗，再決定是否消費。以下分享兩項好用的課後口碑行銷任務：「專業人士推薦」和「學生課後評價」。

專業人士推薦

課程開設後，可以嘗試邀請專業人士給予評價，可能是領域專家或是網紅，由他人的口語來訴說課程的價值，比自己說更有說服力。講師可以主動邀請，請專業人士分享觀看經驗。如果是相近領域的專家，可以印證課程的專業度和提供見證。另一方面，如果是不同領域的名人或網紅，也可以分享他們作為學生的學習體驗心得，同樣對於課程有加分的作用。

學生課後評價

其他學生課後的真實評價，是潛在學生決定是否購課的重要參考，相對於廣告和行銷手法，學生評價來自於真實的上課體驗，學生的評價除了顯示在課程平台上，講師也可以將具有代表性的評價製作成圖文，放在網站上。

學生課後評價的挑戰在於，大多數學生並不會「主動」進行評價，通常需要被提醒或是提供一些誘因來鼓勵完成。以下分享幾個邀請學生評價的環節：

● **提供獎勵，鼓勵學生給予評價**：可以使用課程平台系統的公告，或是由講師以 Email 或社群貼文舉辦活動，主動邀請學生評價和留下課後感想。可以鼓勵學生寫下這堂課程對自己的幫助和改變，若能舉出具體的實例會更好。講師可以提供獎勵（額外學習資源、其他課程折扣碼、線上或實體活動等折價券），鼓勵學生留下評價，也可以說明評價對講師的意義、評價會如何應用等。

● **邀請評價的時間點**：為了讓學生有時間能上完課程，在課程剛上線後的一個月內，很適合邀請學生給予課程評價（若平台有提供檢視學生上課狀況的功能，也可觀察是否有學生快完課了，是合適時間邀請他們給予評價了）。後續課程仍然可能持續有新學員加入，可透過公告、分享知識、舉辦講座活動的同時，鼓勵更多同學給予評價。

● **其他提升學生評價的方式**：除了課程內容本身的品質外，積極回應學生的問題，以及認真批改學生的作業，也都能讓學生感到講師的用心，進而增加學生留下正面評價的機會。

TIPS

不知道讀者是否有類似經驗，在享用了不錯的餐點之後，卻被餐廳「要求」給予滿分評價，反而讓你不想留評價。線上課程也是類似的情況，我們可以鼓勵學生給予評價，但如果指定「給予滿分好評」則不一定是合適的策略；讓學生發自內心地給予好評，是比較長遠的追求目標。

PART 4

課程內容製作

在課程確認開設或募資成功之後，緊接而來的挑戰將會是規畫出有料的課程！不乏許多課程案例，雖然募資時期順利，卻不斷延後課程推出的時間，或是推出後並未如預期得到好評。

本章節區分為四段進行介紹，其中「4-1建立課程內容架構」分享規畫課程架構的技巧；「4-2製作課程內容簡報」說明課程簡報設計的一些設計技巧；「4-3準備課程錄製腳本」則介紹如何準備課程的說法腳本。此外，製作課程很像是一場馬拉松，從啟動到正式上線通常需要花費數個月的時間來製作，因此「4-4課程製作專案管理」將分享筆者的課程專案管理心法，作為讓讀者了解如何掌握製作進度的參考。

4-1
建立課程內容架構

Q35 如何有系統地規畫課程的知識架構？

在建立課程架構時，可從課程定位來進行展開。然而，即便已經清楚課程的大方向，在實際建構課程內容架構的初期階段，即使是教學經驗豐富的講師，也可能會遇到以下幾種狀況：

- **不易組織想法**：講師心中可能已經充滿許多教學的想法和創意，有些是授課內容的素材，有些是講解的案例。但是這些片段的想法像是一堆零散的積木，難以組織成一個有邏輯和層次的結構。
- **缺少明確步驟**：講師可能會對課程規畫的流程感到不太確定，導致內容規畫步驟容易混亂，連帶影響課程製作的進度。
- **團隊協作困難**：當課程不是由講師個人獨立製作，而是由團隊共同製作時，如果沒有一套統一的架構作為依據，討論可能會變得發散而失焦。

為了解決這些常見的問題，以下分享一套系統性的課程規畫方法和步驟，幫助講師提高建立課程結構的效率。

透過「點、線、面」三層結構規畫課程

為了系統性建立課程內容的知識架構，筆者常用的課程結構為「點、線、面」的「三層結構」作為課程的基本框架。其中「點」代表學習重點，是講師要交付給學生的關鍵內容；「線」是串聯許多學習重點而形成的學習段落，在線上課程平台中常稱為單元；「面」則是針對屬於相同面向或相同屬性的單元進行分類，在課程平台中通常稱為章節。以圖像來呈現，課程的三層結構就如同下圖「點、線、面」的層次，共同建構出立體的知識內容。

線上課程「點、線、面」三層結構

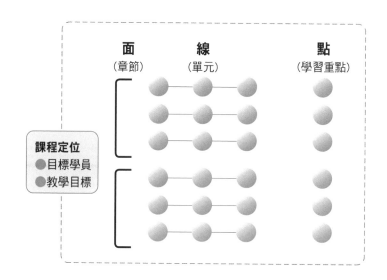

如果改以線上課程平台的常見用詞來說，課程的三層結構由上到下分別是：「章節、單元、學習重點」，以表格來呈現會如同以下結構。其中，章節突顯課程內容的大分類，或是學習的特定面向和層面；章節之下包含多個單元，代表各項特定的學習主題；而在單元之中會有許多學習重點，是學生需要

理解和掌握的知識、觀念或技能。這樣的三層結構可以幫助講師更有系統地組織與描述課程內容。

── 「點、線、面」三層結構與「學習重點、單元、章節」的對應 ──

面（課程學習面向）	線（特定主題段落）	點（要交付的學習重點）
章節一	單元1	● 學習重點1 ● 學習重點2
	單元2	● 學習重點1 ● 學習重點2
章節二	單元1	● 學習重點1 ● 學習重點2
	單元2	● 學習重點1 ● 學習重點2

點＝「學習重點」

在課程內容的三層結構中，筆者建議以「學習重點」作為最基本的構成單位。我們可以將「學習重點」定義為「為了幫助學生達成課程目標，所需要區分的特定知識範圍」。這樣拆解和畫分過程，是為了能更清楚地界定要交付給學生的內容，而「幫助誰，要達成什麼」的課程定位，就成了判斷學習重點的重要依據。

以英文課程為例，在「最常唸錯的10個英文單字」單元中，講師要交付給學生的學習重點就是每一個「單字」，而「實用的5種英文Small Talk聊天句型」單元中的學習重點則是每一個「句子」。換句話說，學習重點就是將內容區分到較為單一、明確的技能、觀念或步驟，幫助學生更容易消化課程內容。

線=「單元」

此外，在課程內容的結構中，連結許多學習重點的段落是「單元」。單元是將多個相關的學習重點串連在一起，形成具有明確主題的學習段落。例如幾個特定的訓練動作可以串連成「核心肌群的訓練動作」單元，幾個關於時間日期功能的Excel函數可以串聯成「Excel時間日期類函數」單元。在線上教學中，單元可以是直播課程的一個教學段落，或是錄播課程中的一支影片（長度通常介於五到十五分鐘之間），下表是單元和學習重點的範例。

────── 單元主題（線）與學習重點（點）的範例 ──────

單元（對應線）主題舉例	學習重點（對應點）舉例
最常唸錯的10個英文單字	每個英文單字
實用的5種英文Small Talk聊天句型	每個英文句子
手工麵包製作方法	每個料理步驟
核心肌群的訓練動作	每個訓練動作
減肥瘦身的常用指標	每個監測指標
SWOT分析法	每個分析主題
Excel 時間日期類函數	每個 Excel 函數

簡單來說，單元就是許多學習重點的集合，在每個單元中，講師會按照特定的順序向學生解釋各個學習重點，確保學生能有系統地吸收這些知識。在設計單元時，講師需要特別注重呈現學習重點的先後順序和邏輯安排，來幫助學生達到學習目標，同時去除不連貫的學習重點，降低學習的干擾。

TIPS

在單元中，除了連結各個相關的學習重點之外，講師在學習重點之間也可能需要加入一些「教學技巧」來傳遞學習重點的內容。所謂「教學技巧」就是採用舉例說明、比喻說明、圖示呈現或隨堂測驗等方式，幫助學生更容易理解、吸收、記憶和熟練新學到的知識或技能，後續段落將會補充說明。

面＝「章節」

最後，由多個相關主題的單元組合而成的是最上層的「章節」，代表了更大的學習面向。如果課程內容中涵蓋了多種不同的面向，就會形成多個章節結構的中型到大型課程。透過「點」、「線」、「面」這三個層面的組合，建立出一個結構完整、邏輯清晰課程。

以筆者的「資料變決策！商業圖表製作與視覺化分析的技術」線上課程為例，包含了「視覺化分析流程」、「圖表類型與應用場景」和「通用圖表設計技巧」等不同的學習面向，每個面向（章節）又包含了各項特定主題（單元）。這樣的設計可以幫助學生建立一個立體的知識結構，對於課程主題有完整的理解和學習。

筆者線上課程「資料變決策！商業圖表製作與視覺化分析的技術」的章節與單元規畫

章節（面）	單元（線）
視覺化分析流程與關鍵提問	單元1－資料視覺化流程總覽 單元2－階段一：釐清資料視覺化的目的 單元3－階段二：確保適合視覺化的資料格式 單元4－階段三：資料視覺化雛形設計 單元5－階段四：資料視覺化實作技術選擇 單元6－階段五：彙整資料故事論述
像分析師一樣思考—— 更多圖表類型與應用場景	單元1－商業圖表選擇指南 單元2－「比較」類型圖表：分析觀點、應用案例 單元3－「關聯」類型圖表：分析觀點、應用案例 單元4－「分配」類型圖表：分析觀點、應用案例 單元5－「組成」類型圖表：分析觀點、應用案例 單元6－「空間」類型圖表：分析觀點、應用案例 單元7－更多商業情境適用之圖表
像設計師一樣思考，通用圖表設計技巧	單元1－商業圖表設計技巧——色彩使用篇 單元2－商業圖表設計技巧——文字與備註資訊篇 單元3－商業圖表設計技巧——圖表文案篇 單元4－商業圖表設計技巧——圖表與簡報排版篇 單元5－商業圖表設計技巧——動畫與簡報分鏡篇 單元6－商業圖表設計技巧——資訊圖表與懶人包篇

TIPS

在規畫課程的早期階段，筆者習慣以「點、線、面」三層結構（學習重點、單元、章節）為出發點，有系統地規畫課程結構。當然，三層結構並非唯一的選擇，最終課程結構的層次仍然可以根據課程性質進行增減，採用四層或兩層結構，打造出獨具特色的課程風格。

舉例來說，籃球課程在章節之上，如果想再畫分為「進攻篇」和「防守篇」，若講師認為可以讓課程內容區分得更

清楚，則可以考慮再增加篇的層級，形成四層結構，然而須留意四層架構對於學員的思考負擔是否較高。另一方面，當課程主題相對聚焦時，可以是屬於單一面向的知識課程，規畫課程時採用「單元」和「學習重點」兩層結構即可，不一定需要再區分章節。

Q36　如何著手建立課程內容的三層結構？

在開始建立課程內容的三層結構時，可以參考筆者提出的「PRO法」來進行，其分為三個階段：Plan（規畫課程架構）、Refine（優化學習順序），以及Organize（組織教學技巧），可以透過下圖來理解「PRO法」的三個階段：

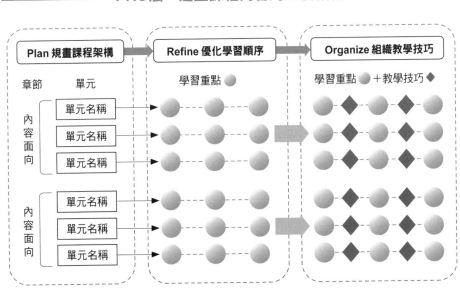

PRO法：建立課程內容的三層結構

以下簡介「PRO法」各階段的目標，後續段落將詳細說明操作方法。

● Plan：規畫課程架構階段，目標在於歸納出課程的章節和單元，並盤點可能納入課程的學習重點範圍。

● Refine：優化學習順序階段，目標是針對課程單元之中的各個學習重點，進行進一步篩選和排列，以強化內容的邏輯串聯、確保學習體驗。

● Organize：組織教學技巧階段，目標是將優化順序後的學習重點與適當的教學技巧（例如舉例和比喻說明、操作示範和隨堂測驗等）結合，幫助學生能夠順利學習，並且最後確認和合理畫分各個單元的時間長度。

Q37 如何規畫（Plan）出課程章節和單元的架構？

規畫課程架構（Plan）是課程內容設計的第一階段，此階段的具體成果是產出如下圖的虛線內容，也就是歸納出課程的章節和單元，並盤點可能納入課程裡的學習重點。

在這一階段會依據課程特性和教學需求，使用不同的規畫方式，可採用兩種規畫策略：「由上而下（Top-down）」和「由下而上（Bottom-up）」。

────────────── 規畫課程章節和單元的方式 ──────────────

架構	規畫邏輯	常用工具
由上而下 （Top-down）	由章節和單元發想到學習重點 （章節→單元→學習重點）	心智圖
由下而上 （Bottom-up）	由學習重點歸納成單元和章節 （學習重點→單元→章節）	便利貼法

―――――――――――― 第一階段：Plan規畫課程架構 ――――――――――――

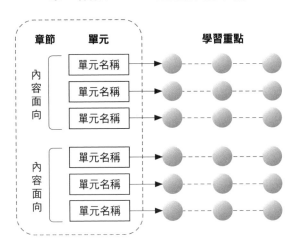

由上而下：由章節和單元發想到學習重點

　　有些課程主題可能已經具有習以為常或明確的分類方式，這部分可以回顧相似主題的課程或書籍內容，作為課程架構的參考。以常見的辦公軟體Excel為例，在構思課程架構時可以採用軟體的功能來區分學習面向，例如「函數」、「樞紐分析」、「巨集」都是一個明確的學習面向，可以先畫分成「章節」。在確認「章節」後，再往後規畫更細節的「單元」。

　　請參考下圖，例如在「函數」章節中，又可以分為查找匹配類、文字處理類、時間日期類、邏輯判斷類等特定主題的函數，可以藉此畫分出不同的「單元」。至於在單元之中要包含哪些學習重點，即由講師依據課程定位來評估及篩選需要交付給學生的學習重點。例如Excel課程中，要幫助辦公人士快速整理和篩選訂單資料，講師就要考量在「函數」章節的「查找匹配類」單元中，具體適合講解哪些函數。

　　這種方法是從整體到細部的規畫，通常適用於課程主題已經有明顯約定成俗或習以為常的分類依據，例如吉他課程會包括視譜、指法、和弦等學習面

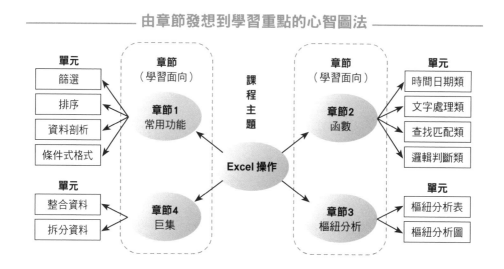

由章節發想到學習重點的心智圖法

向,或是軟體操作以不同功能作為章節區分。在這種情境下,常用的工具是心智圖,由上層的章節發展到中層的單元,再由單元擴展到最下層的學習重點。雖然說章節和單元可能有固定的分類,不過在學習重點的安排上,仍有賴於講師的經驗和見解來進行設計。

由下而上:由學習重點歸納成單元和章節

規畫課程結構另外一種方式是從細部到整體的規畫,是由講師先列舉出各個學習重點,再依據相似主題逐步分類形成單元,最後單元再聚合為章節。

例如訓練跑步或準備馬拉松比賽的課程主題,學習重點可能包括「跑鞋挑選原則」、「訓練場地選擇」、「訓練暖身動作」、「跑步姿勢要點」、「呼吸技巧」、「肌群訓練」、「放鬆肌肉方式」、「營養和能量補充」、「訓練計畫」、「馬拉松比賽報名」等眾多的學習重點。

在這種情境下,推薦可以搭配便利貼工具來輔助規畫,每一張便利貼代表一個特定的學習重點,講師可以再將相關的便利貼整理成一排,形成一個單

元，而單元可以再歸納成更大的章節。這種方法需要講師從眾多的學習重點中，依據課程定位選擇必要包含的內容，逐步組織成一個邏輯連貫的學習架構。

―――――――― 由學習重點發想單元和章節的便利貼法 ――――――――

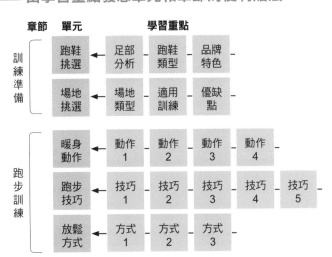

Q38 如何設定（Refine）學習重點的先後順序？

Plan的下一階段是Refine，本階段的任務，是針對課程單元中的各項學習重點，進行篩選和排列，目的是決定要保留哪些學習重點和安排教學的先後順序。

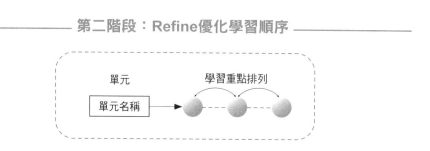

第二階段：Refine優化學習順序

對於每個單元學習重點的數量，建議安排三到十個重點比較容易讓學生吸收和記憶。如果重點較多，可以考慮拆分為不同單元。講師只需要保留對應課程主要目標的學習重點，對於「如果學生能夠知道更好」的學習點，則考慮課程時間再予以補充。

對於在同一單元中學習重點的順序安排策略，仍要考慮學生需求和課程目標。以下列舉幾項排序參考策略，幫助講師排序學習重點的先後順序。

依既有順序排序

例如SWOT分析方法，可以依照方法名稱的既定順序，依序介紹S、W、O、T的分析重點和注意事項，按照既有特定順序教學可以加深學生學習的記憶。

依時間順序排序

例如製作麵包或是烹飪料理，在製作程序上通常會有固定的時間先後次序，才能料理出特定風味，因此教學重點的排序可依照時間軸來拆解各個步驟。

依時間或特定流程排序

除了時間的先後順序外，有些主題具有特定的邏輯和流程。例如資料分析的工作流程，從工作性質會分成多個階段性的任務，從「提出問題」和「問題聚焦」，到「準備資料」、「分析資料」以及「溝通資訊」等。這種主題的教學重點順序可以按特定的工作流程作為排序依據。

依難易度排序：從容易到困難

例如跑步練習的暖身動作，有許多不同的方法，其中有初學者就能輕鬆做到的動作，也有難度較高需要練習較久的姿勢。講師可依據動作從容易到困難的程度來安排教學順序，讓學生優先學習容易上手的技巧。

依複雜度排序：從簡單到複雜

例如Excel函數中，有些函數條件設定較為單純，只需要設定一個參數，有些則需要設定多個參數。講師可以優先安排簡單易懂的函數，以循序漸進方式再教學公式較複雜的函數。這也牽涉到課程學習體驗的設計，如果在學習初期就讓學生獲得成就感，讓學生感到投入有立即的回饋，有利於提升學習的動機。

依重要性排序：從主要到次要

例如對資料分析新手建議，講師可以優先介紹最重要的觀念，也就是學生必定要知道的內容，讓學生能夠接觸到最關鍵的知識或技能，有助於他們記憶最主要的內容。

依通用性排序：從通例到特例

例如常用的英文聊天句子，可以優先安排在各種場合都通用或是最常見的例句，其次再介紹在特定場合或情境會使用到的句子。

—————— 學習重點順序安排的參考原則 ——————

單元主題	學習重點	排序原則
SWOT 分析法	S、W、O、T	依既有順序排序
手工麵包製作方法	步驟1、步驟2、步驟3	依時間順序排序
資料分析的工作流程	流程一：準備資料 流程二：分析資料 流程三：溝通資訊	依特定流程排序
核心肌群的訓練動作	動作1、動作2、動作3	依難易度排序
Excel 函數	函數1、函數2、函數3	依複雜度排序
對資料分析新手的建議	建議1、建議2、建議3	依重要性排序
常用的英文聊天句子	每一個英文例句	依通用性排序

Q39 如何組織（Organize）學習重點和教學技巧？

　　課程結構設計的最後階段，是將優化順序之後的學習重點，結合適當的教學技巧來傳遞內容。這裡提到的教學技巧，就是指能幫助學生更好理解抽象概念，更方便記憶，更容易熟練、提升注意力或加深印象的方式。

　　需要注意的是，不一定每一個學習重點都要搭配教學技巧，可以多個重點搭配一項教學技巧，也可以一個重點搭配多項教學技巧。講師需要依據學生需求和課程目標，思考如何順利傳遞和呈現學習重點的內容。換句話說，教學技巧的設計目的，就是將學習重點包裝得更容易理解和吸收，幫助學生順利達成學習目標。

第三階段：Organize組織教學技巧

單元　　　　「學習重點」　●　搭配「教學技巧」◆

單元名稱

　　以下是一些常見教學技巧範例：

技巧一、舉例說明

　　例如SWOT分析方法，針對S、W、O、T各項分析主題，除了說明原理之外，需要舉例說明分析方式，讓學生了解各項主題要如何實際應用。

技巧二、比喻說明

　　例如資料分析流程需要經歷的「準備資料」、「分析資料」和「溝通資訊」階段，以料理作為比喻，分別是洗菜、炒菜和上菜，並且以洗菜洗不乾淨之後上的菜吃了可能會中毒，來說明「準備資料」的重要性，幫助學生加深印象。

技巧三、圖示呈現

　　例如SWOT分析通常以四象限架構來呈現，除了個別講解四項分析主題外，加入圖形的畫法可以幫助學生更理解各項主題之間的關係和連結。又例如資料分析的工作流程，如果講師能補充資料分析的流程圖，以更清楚的方式呈現知識，可以讓學生以圖像和視覺的方式來理解各項資料工作的流程順序，有助於學生理解和記憶。

技巧四、操作示範

　　例如跑步暖身動作，各個身體動作的環節需要講師利用影片或圖片示範，講解身體各部位的姿勢細節，幫助學生掌握動作的要領。或是製作麵包和烹飪主題的課程，需要講師實際示範各個步驟的操作，比講述方式更容易讓學生理解。

技巧五、實作練習

　　例如各項Excel函數操作，講師除了說明函數原理以及親自操作示範之外，還需要讓學生以範例資料實際操作練習，幫助學生找出學習的盲點，也讓學生熟練步驟和掌握操作技能。

技巧六、隨堂測驗

例如體重管理的監測指標，講師可以在解說完畢後，用隨堂測驗的方式，確保學生理解、記住各個指標的原理，以及判斷是否超標。

技巧七、故事案例

以真實故事或案例來說明理論知識的實際應用，使學生更容易理解概念。例如對資料分析新手的建議，講師除了講解建議內容外，可以使用故事案例來串連各個建議重點，加深學生的印象。

技巧八、回顧總結

例如對資料分析新手建議，講師在逐一介紹各項建議內容後，在最後可以再次回顧各項重點，幫助學生統整和記憶內容。

──────── 學習重點結合教學技巧之範例 ────────

單元（線）	學習重點（點）	教學技巧範例
SWOT分析法	S、W、O、T	舉例說明、圖示呈現
手工麵包製作方法	步驟1、步驟2、步驟3	操作示範、圖示呈現
資料分析的工作流程	準備資料、分析資料、溝通資訊	比喻說明、圖示呈現
核心肌群的訓練動作	動作1、動作2、動作3	操作示範、圖示呈現
Excel 函數	函數1、函數2、函數3	操作示範、實作練習
對資料分析新手的建議	建議1、建議2、建議3	故事案例、回顧總結
常用的英文聊天句子	每一個英文例句	操作示範、故事案例

Q40 如何命名目錄中的單元名稱？

結構清楚的課程目錄就像一張指引方向的地圖，勾勒出知識體系的輪廓，幫助學生理解學習重點的邏輯串聯，為學習提供清楚的框架。有了這張地圖，學生就更容易有系統地學習。

在課程開始時，講師可以解釋目錄的安排緣由，說明各章節和單元的學習順序，讓學生了解是否有必要先學習某些內容，才能順利學習後續的課程，這可以引導學生建立清晰的學習計畫，或是依據需求直接跳到特定的單元。

需要注意的是，前述的課程三層架構是方便講師規畫課程時進行思考，不用特別修飾用語；而課程目錄主要是呈現給學生，讓學生評估課程內容是否符合學習需求，因此建議對目錄中的單元名稱採用更具吸引力的用語，提升學生的學習興趣。以下依據筆者的經驗，提供幾項命名單元名稱的參考策略：

一、強調目標：以學習目標為導向

標題直接強調學生最終想達成的目標或要完成的任務。例如核心肌群的訓練動作單元，對應目標是「練出完美腹肌」而不是各項動作；或學習Excel函數，對應目標是「提高工作效率和提早下班」而非各個函數。

二、加入數字：加深學習印象

在標題可以放入學習重點的數量，藉此加深學生的記憶，同時學生也能預估和期待要學習的內容量，例如五種核心訓練動作、十個Excel函數、十個實用的英文聊天句。

三、採用問句：提升互動感和刺激痛點

　　標題可以採用提問方式來引起學生的興趣，或是以提問的方式直擊學生的痛點，例如「想要早點下班？」呼應了學生的目標，「不敢開口嗎？」直擊到學生的痛點，如此更能引起共鳴，提高學習動機。

四、使用關鍵字：特定用語可以提升帶入感

　　在標題中使用目標受眾在意或容易產生共鳴的關鍵字，能幫助學生對學習內容更有帶入感。

　　例如「對資料分析新手的建議」單元主題，採用「零基礎新手」用語能對應到從零開始學習者、跨領域學習者或想轉職者的心聲，而「有效率地自學」點出在海量資訊中難以找到合適學習方式的痛點，採用這些用語更容易直擊學生的需求和痛點。

—————————— 課程目錄中的單元命名範例與設計策略 ——————————

單元主題	單元命名範例	命名策略
SWOT 分析法	SWOT 分析你做對了嗎？新手常犯的六種錯誤	強調目標 加入數字 採用問句
手工麵包製作方法	零失敗手工麵包作法大公開	強調目標
資料分析工作流程	專業資料分析師的五步驟分析流程	強調目標 加入數字
核心肌群的訓練動作	只會仰臥起坐嗎？練出完美腹肌的五種核心訓練動作	強調目標 加入數字 採用問句

Excel 函數	想要早點下班？你一定要會的十個Excel函數	強調目標 加入數字 採用問句
對資料分析新手的建議	零基礎新手，如何有效率地自學資料分析？	採用問句 使用關鍵字
常用的英文聊天句子	不敢開口嗎？給你十個超實用英文聊天句	強調目標 加入數字 採用問句
減肥瘦身的常用指標	瘦身不復胖：需要注意的五個關鍵指標	強調目標 加入數字

4-2

製作課程內容簡報

　　規畫好課程架構之後，下一項挑戰是實際製作教學內容。不同課程屬性的教學內容都有差異，在此筆者分享以「簡報」作為主要教材的製作指引，簡報不只是傳遞知識的媒介，同時也能展現講師的個人風格和課程特色。

　　線上課程動輒要製作數百甚至數千張的簡報，建議讀者可將簡報區分為幾種常見的類別，來讓製作過程更結構化。筆者在製作課程時，通常會將簡報至少區分為以下六種類型：封面類、目錄類、內容類、分隔類、提問類和結尾類等，並將其模板化，提升製作的效率，以下將詳細說明。

TIPS

本段落以「簡報」作為呈現課程內容的主要方式，然而，依據教學主題差異，有些課程需要呈現更多的影音內容，例如健身、烹飪、繪圖技巧等課程，則建議搭配示範畫面作為課程呈現的主要方式。

Q41 課程簡報有哪些常見的版面類型？

封面類：資訊清晰的課程起始頁

- **一致性的外觀**：封面需要展示出課程的主題專業性和質感，選擇適合課程主題的圖片或設計，以及與課程內容和目標相符的配色。
- **清晰的課程標題**：課程標題應該是清晰和易讀的，讓學生一看就知道將學習什麼。標題也建議簡短，清楚地傳達課程的主要焦點或目的。
- **教師的姓名**：封面可提供講師姓名和聯絡資訊，例如Email或個人網站。增加講師與學生之間的互動機會，學生有需要諮詢時能找到聯繫方式，也能提升品牌印象。

──────────── 封面類簡報範例 ────────────

目錄類：指引學習內容

● **學習內容預告**：目錄類型的簡報，可列出清楚的章節或單元名稱規畫，幫助學生掌握目前學習的階段，並準備好接下來的學習狀態。

● **引導切換內容層次**：在「章節」的層次的目錄頁中，可呈現出後續的「單元」結構；而在「單元」層次的目錄頁中，則適合列出各項「學習重點」。

──── 章節層次的目錄類簡報範例 ────

【章節1】
成為數據說書人

(1) 善用圖表, 說出更好的故事　(2) 到處都是爛圖表　(3) 課程四大知識體系　(4) 課程各章節結構設計

──── 單元層次的目錄類簡報範例 ────

內容類：呈現核心的教學內容

內容類簡報是課程的核心內容（筆者認為有80%的簡報都屬於此類），主要仍依據講師個人的呈現風格為主，以下幾點是筆者常用的內容類簡報編排檢核點，供讀者參考：

- **直接列出明確標題**：每一張簡報上方直接提供明確的標題，能幫助學生迅速掌握主題和重點。
- **提供適量資訊**：簡報頁面不建議過於擁擠或資訊過多，這會使學生感到困惑或過度壓迫，以清楚字句或列點方式來呈現，易於閱讀也方便學生記憶。
- **確保圖片品質**：避免使用解析度過低的圖片，讓使用不同裝置學習的學生都能看得清楚。

────── 內容類簡報範例 ──────

商業圖表製作與視覺化分析｜4＋1 技能屬性

商業圖表應用與呈現		資訊圖表設計
▶ **圖表力** 根據情境、需求挑選的能力	AI輔助	▶ **設計力** 有效執行各類視覺加工的能力
▶ **工具力** 創造更多圖表變化的技術能力		▶ **故事力** 讓人更容易入耳的洞見敘事技巧
資料分析與視覺化實作		數據溝通技巧

ex. ChatGPT AI生成工具

(3) 課程四大知識體系

▍下方灰色的橫條，是目錄段落索引以及字幕區

166

● **提供目錄索引**：由於內容類簡報數量眾多，有時學生會不知道現在講述的內容於課程的所在目錄位置，可視狀況列在簡報上。

● **字幕區**：線上課程大多會提供字幕，且因為學習者可能使用不同的載具進行學習，下方可評估放置字幕區（可參考圖的灰色區塊範例），與內容進行明確的區隔。

——————— 內容類簡報範例 ———————

你有多少資源？提供參考表格

	時間資源 (少)	時間資源 (中)	時間資源 (多)
【階段一】釐清資料視覺化的目的	X	V 先發問爬梳	V
【階段二】確保適合視覺化的資料格式	V 拿到資料	V	V
【階段三】資料視覺化雛形設計		X	V 從草圖開始
【階段四】進行資料視覺化實作	V 先做再說	V 用視覺化軟體兜兜看	V
【階段五】彙整資料故事論述	X	X	V 提升影響力

可多利用整理表幫助學生從架構面進行思考比較

分隔類：提供明確的學習段落感

● **區分學習段落**：分隔頁的主要目的，是畫分課程的不同部分或主題，讓學生能夠更輕鬆地追蹤和理解課程教材。透過在分隔頁上明確標出即將介紹的主要學習重點或段落主題，課程講師可以幫助學生更有效地集中注意力和預測課程進度。

● **重啟學生的注意力**：在閱覽影片學習過程中，學生注意力會漸漸減退。分隔頁的設計，不僅能為不同的主題或單元提供結構，也能作為一個「心理換氣」的機會，讓學生重新集中注意力。換一個分隔頁就

像是說「現在我們將進入一個新的部分」，讓學生休息並重新啟動新的學習狀態。

───── **分隔類簡報範例** ─────

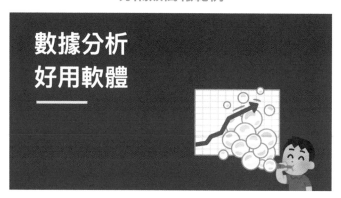

提問類：提升課程互動和學生參與程度

● **互動元素**：互動式問答可以讓學生在簡報過程中有即時的回應，不僅提高了學生的參與度，也有助於課程講師了解學生的學習狀況。

● **拉回學生注意力**：在長時間的簡報或課程中，使用提問或互動版面能夠有效地拉回或重新集中學生的注意力。

結尾類：總結和回顧學習重點

● **回顧學習重點**：結尾頁可呈現應該回顧課程的主要學習目標和重點，以確保學生能整合和應用所學的知識。

● **清晰的結構**：結尾頁應有助於學生整理整堂課的思路，讓他們更容易吸收和理解課程內容。

————— 提問類簡報範例 —————

Question

你覺得，數據圖表存在個人
的偏好嗎？

① YES ② NO

(2) 到處都是線圖表

————— 結尾類簡報範例 —————

Part 1

Take-aways

ChatGPT 與生成式AI

1-1 生成式 AI 的崛起
- 文字 / 程式碼 / 圖片 / 影片

1-2 有哪些常見的生成式 AI?
- Edge 瀏覽器 / Bing Chat / Copilot
- Google Bard + 圖片辨識 + extentions
- Character.ai

TIPS ————————

其他簡報製作的共同基本原則：

● **版面預留空間**：考量後製時的字幕擺放位置，以及考量在畫面中是否要加入講師講課的畫面，在製作簡報時就需要先設計預留空間。

● **視覺設計一致性**：讓簡報中的字體、顏色和圖案風格保持一致性，有助於提升課程質感，以及減少學生的適應負擔。

● **顏色考量**：選擇對比明顯的顏色，讓重點文字清楚可見，若使用較多顏色時，也需要考慮到色盲或視覺障礙的學生。

● **觀看裝置考量**：考慮到學生可能使用電腦或手機學習，需要確保簡報設計和字體大小，能適合不同的裝置來呈現內容。

Q42 有哪些推薦的簡報製作工具？

筆者常用的簡報製作工具為以下四款，其中又以Google Slide為最喜愛的工具，因為其具備「可多人共編」、「全自動備份」、「豐富的主題模板」三項特色；PowerPoint是經典的軟體，功能也非常豐富；Keynote有許多自動排版的功能，很容易排出漂亮的簡報；Canva則是新竄紅的工具，可以建立許多華麗的排版或是動畫，然而有時反而會讓簡報過於花俏，讀者可根據課程屬性來進行挑選。

推薦簡報製作工具的特性說明

簡報工具	特點描述	課程適用情境
PowerPoint	Microsoft PowerPoint是業界最廣泛使用的簡報工具，具有豐富功能，適用於多數簡報需求。 由於同屬Microsoft Office系列，使用者通常熟悉其操作介面，並可支援由Excel貼上的圖表和儲存資料。	講師特別熟悉此軟體，且不需要多人協作的情境。

Google Slides	Google Slides的雲端功能極佳，特色在於支援多人同時編輯，即使團隊成員身在不同地點，也能順暢地共同製作、編輯簡報，提高工作效率，並可以自動存檔和保有歷史紀錄。	需多位團隊成員協作簡報編輯的推薦工具。
Keynote	對於Mac使用者來說，Keynote是一款極佳的簡報工具選擇。除了基本功能外，Keynote特別注重設計和排版的自由度。 其直觀的使用介面和功能設計，讓使用者更容易創造出吸睛的簡報設計。	專屬Mac系統的使用者，著重視覺排版需求的好用簡報工具。
Canva	Canva提供了豐富的美觀模板和動態效果選項，即使不是專業的設計師，也能輕鬆製作出具有視覺美感和動態效果的簡報。	適合追求更多的視覺元素、動態效果、裝飾點綴簡報的製作。

Q43 如何使用模板提升簡報製作效率？

製作線上課程簡報耗時且繁瑣，筆者建議善用軟體的簡報模板（Template）功能，提升製作效率！此外也能確保簡報格式的一致性，以下說明PowerPoint與Google Slides的模板使用技巧。

PowerPoint模板操作方式

在PowerPoint中，可以從「檢視」功能頁籤中進到「投影片母片」，開始設定各種類型頁面的版面設計、頁面配色、標題位置、文字的字型及大小，以及頁碼格式等等的部分，並製作出封面頁、目錄頁、內容頁、分隔頁、提問頁和封底頁等類型模板。完成後，在後續新增投影片時，即可從「版面配置」選取對應的模板，提升教材製作速度。

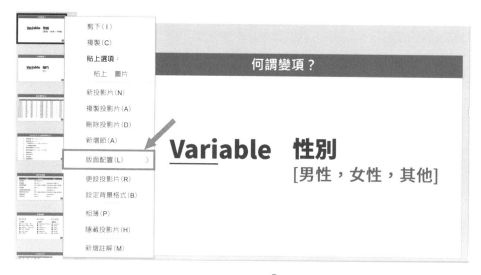

Google Slides 模板操作方式

在 Google Slides 中，是從「投影片」功能頁籤中進到「編輯主題」，即可進到模板的製作。而要套用模板，則只要點選投影片並選擇「版面配置」，就可以快速配置指定模板，加速簡報製作。

TIPS

除了自己設計模板之外，也可以使用線上資源來取得高品質簡報模板。推薦 Slidesgo 網站（https://slidesgo.com/）提供了大量免費和付費的簡報模板，涵蓋各種主題和設計風格，而且可以選擇下載 Google Slides 或 PowerPoint 兩種檔案格式，並且適用於商業用途。對於不擅長簡報設計的課程講師，也能輕鬆製作出具有獨特風格的簡報。

進入 Slidesgo 首頁就可以看到許多簡報模板，除了熱門和近期新增的模板外，上方的選單可以用顏色、風格來做篩選，也提供教育、教學、商務、行銷、多用途主題，甚至

有提供資訊圖表（Infographic）類型可供參考。講師只要點選喜歡的版型，就可以檢視模板的詳細資訊，包括模板中的各式頁面、模板特色簡介、常見問答說明，以及相近風格的版型，並轉換為Google Slides或是PowerPoint檔案。

在Google Slides中的模板功能稱為「主題」，可選擇「編輯主題」進入

4-3
準備課程錄製腳本

準備課程錄製腳本是製作線上課程的重要環節，腳本的內容通常包括課程內容重點、呈現畫面、逐字講稿和備註欄位，這些資訊都可以幫助講師和製作團隊確保授課內容的精準度、減少錯誤的風險、提高課程品質和錄製影片效率。

Q44 一定要準備課程腳本嗎？

有些講師教學經驗豐富，對課程要傳達的重點已經相當熟悉，準備腳本反而可能會錄得不自然。在這種情況下，如果講師是個人獨立製作課程，熟悉拍攝影片和剪輯的各項環節，可能傾向於不使用腳本，因為製作腳本需要花費一定的時間成本，或是僅將講稿或要點放在簡報備註欄作為錄製時的提醒。

筆者很常使用簡報的「備註區塊」來放置講稿，神奇的是，在備註區塊寫完講稿後，通常也會自然地將該張簡報的說法準備完畢了！所以實際錄製時就不一定真的會看著講稿講述，而是依賴大腦的記憶來進行說明。

然而，即便講師已經非常熟悉課程內容，準備課程腳本仍然非常有幫助。特別是當課程是由團隊製作時，腳本有助於團隊共同檢視課程結構和教學內容是否符合學生需求和課程目標，並可以確認實際的課程長度和預估後製的工作

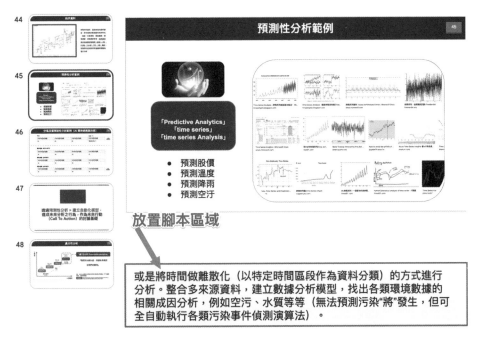

放置腳本區域

或是將時間做離散化（以特定時間區段作為資料分類）的方式進行分析。整合多來源資料，建立數據分析模型，找出各類環境數據的相關成因分析，例如空污、水質等等（無法預測污染"將"發生，但可全自動執行各類污染事件偵測演算法）。

▌可善用簡報軟體註解區撰寫講稿，預先針對講述內容進行準備

量。簡單來說，腳本是確保課程品質和精緻度，以及掌握製作成本的重要工具。

Q45 腳本中一定要使用逐字稿嗎？

課程腳本中，應該用「逐字稿」的方式做筆記嗎？這並沒有標準答案。是否需要製作逐字稿，取決於講師的個人偏好和教學風格。有些講師喜歡即興發揮，在腳本中僅採用「列出大綱要點」作為授課指引，反而可以更自然地講述內容。

然而，對於許多講師來說，製作逐字稿可能更有助於確保講述精確度和內

容完整性，撇除掉照稿唸的不自然缺點，逐字稿確認有利於幫助部分講者在錄製課程時建立自信與流暢度，並可避免因緊張而需要不斷重錄、卡詞的狀況，或是避免偏離主題，降低各種錄製失敗的風險。

在某些特定情境下，例如拍攝募資影片，由於影片不長，特別推薦製作精細的逐字稿，在這種情況下，也可以輔助使用提詞機，確保講師在鏡頭前表現出更高的自然度和流暢性。

需要注意的是，製作精緻的逐字稿需要花費大量的時間和精力，講師也需要兼顧製作課程的效率。一種提升效率的方式是善用語音轉文字工具（請參考6-4），以錄音方式來更快產出滿意的逐字稿。

Q46 課程腳本通常有哪些項目？

腳本的格式並沒有統一標準，筆者通常會區分為「簡易型」與「精緻型」兩類，「簡易型」課程腳本通常是只給自己看的，或是準備課程時，輔助構想說法用的，所以可能幾句話、幾行字就已經完成了。但如果是團隊共同製作的課程，因為同時可能會有文案、拍攝、導演等角色參與，通常會製作出細節更多的腳本，例如以下的項目：

章節和單元標記

腳本通常用表格形式來製作，可以使用 Word 或 Google Sheet 等工具編輯。在腳本表格的頂部，需要標示目前所在的章節和單元，也就是課程三層結構的前兩層，方便講師和協作人員清楚了解當前的內容位置。

內容重點

　　腳本的第一個欄位用來標註學習重點，也就是課程三層結構的基本組成單位。這個欄位對應課程的核心內容，有助於提醒講師要向學生交付的學習目標。這個欄位也可以標註教學技巧的內容，例如操作示範畫面、呈現圖示等等。

呈現畫面

　　第二個欄位是記錄需要呈現的畫面，如同電影的分鏡圖，類型可能包括投影片頁面、影片或對於影片內容的敘述，重點是對應學生要看到的畫面。

　　這些畫面可以對應著學習重點，也可以是教學技巧的部分，例如圖示、課堂互動、比喻的圖像，以及額外的補充影片等等。需要注意的是，每個畫面都需要獨立放在表格中的一列，如果學習重點有五個分鏡圖，就需要五列的內容。

講師口白（逐字講稿）

　　這個欄位用來記錄講師在特定畫面上要講述的內容。根據講師的需求和授課風格，這個欄位可以是逐字講稿，或是只列出講述內容的大綱要點。以口語化的方式來撰寫，或是在唸稿的過程中依需求加以調整也是可行的方式。

備註欄位

　　備註欄位可以記錄呈現畫面所需要的字卡、音效、背景音樂或轉場效果。這個欄位也可以用來記下在錄製過程中的特殊情況，例如發音錯誤或需要重新錄製的情況，可以在這裡標註發生事件的時間，方便後續的剪輯工作，以確保影片和畫面的連貫性。

─────── 課程影片腳本範例 ───────

第一章：用數據說故事的技巧			
第一單元：課程介紹			
內容重點	呈現畫面	講師口白（逐字講稿）	備註
破題：資料分析流程為什麼重要	講師正面鏡頭 	當你手上有許多數據，你知道該怎樣使用資料來說出一個好故事嗎？ 想要數據為你所用，從中發掘關鍵洞見、說出好故事，並沒有你想的那麼困難！	字卡「如何用資料說出好故事」
呈現課程名稱	呈現課程封面	無（僅呈現畫面）	課程封面需要動態轉場效果
強調課程核心技能的重要性	講師教學畫面 	如何將資料妥善分析，並轉化成各種商業圖表來說出好故事，是一個可以刻意練習的技術！ 舉例來說，透過視覺化分析技巧，更能觀察出數據的趨勢、關聯、分配、比較、因果、空間、離群等特性，並提出正確的商業洞見。	呈現不同距離的側拍和特寫畫面
介紹課程特色：理論與實作並行，聚焦商業分析圖表的製作流程	各項分析框架圖 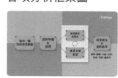	在這堂課中，我整理了資料視覺化與商業圖表的重要觀念，包括分析方法、架構、流程等，能提供作為工作上可實務操作的技巧。 這是一堂「理論」與「實作」並行的課程，從資料分析與視覺化的流程開始，逐步深入商業圖表製作與分析的重要素養。	呈現四個動態圖卡

| 點出課程主軸，提供使用情境 | 操作軟體畫面  | 相信你在掌握流程後，不只能大大提升你的分析效率，也能幫助你有系統地提升資料視覺化任務品質。
不論你是想將數據做成圖表報告的大學生、針對廣告成效進行分析的行銷人，還是固定需要整理銷售數據的產品經理／專案經理，只要你有處理、分析數據或資料視覺化的需求，都可以在這堂課程中有所收穫。 | 畫面呈現 Zoom in 效果 |
| call to action 邀請大家參與課程 | 講師正面鏡頭  | 歡迎你加入《資料變決策！商業圖表製作與視覺化分析的技術》，用專業的圖表，說出精彩的故事！ | Zoom in 效果加上特寫 |

TIPS

補充說明，腳本的精緻度與課程可使用資源高度相關，資源較多的籌備團隊當然適合準備更精緻的腳本，然而若是較少資源的製課團隊，則推薦製作「簡易型」的腳本即可，例如僅需構想、記錄每張教材預計講述的內容即可。

課程製作專案管理

Q47 如何規畫課程籌備團隊規模呢?

製作線上課程內容一定需要招聘團隊來進行嗎?分享個人經驗,筆者曾經有接近90%任務都獨立完成的經驗(企畫、簡報、錄製、剪輯、配音、配樂等工作全部自己來),控制感高但非常疲勞。因此後來都比較傾向團隊作戰,例如找尋製課夥伴搭配,或是直接與第三方課程團隊合作,交由夥伴團隊來執行相關的剪輯、企畫、行銷等任務,講師可更專注於知識架構、簡報製作、口白準備等等核心任務。根據筆者的觀察,線上課程籌備團隊,常見有三種組合類型:

- **講師個人團隊**:獨自完成課程各階段籌畫與製作,優點是整體製作流程與產出結果的掌握度較高,但講師需要常常分神在眾多事務上,也可能要自己進行許多行銷推廣任務。
- **小規模製課團隊**:約為二到五人的製作團隊,團隊成員除了講師以外,也建議配置輔助課程製作助手,小團隊的優點是溝通效率高,且能互相支援與討論。
- **大型製課團隊**:團隊成員除了講師,也可能有企畫、品管、行銷、影

片剪輯師、攝影打光師、設計師、字幕人員等等，分工更為細緻，例如搭配高品質剪輯手法、企畫及自動化行銷，但製課成本當然也相對較高。

━━━━━━ 線上課程團隊的三種常見組合類型與優缺點 ━━━━━━

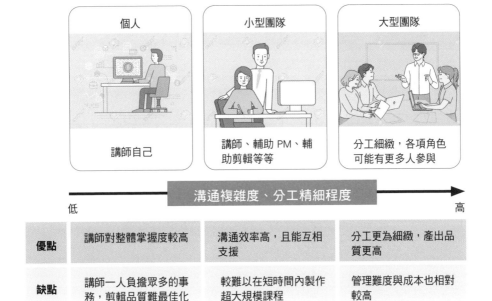

	個人	小型團隊	大型團隊
	講師自己	講師、輔助 PM、輔助剪輯等等	分工細緻，各項角色可能有更多人參與

溝通複雜度、分工精細程度
低 ━━━━━━━━━━━━━━━━━━━━━━━ 高

	個人	小型團隊	大型團隊
優點	講師對整體掌握度較高	溝通效率高，且能互相支援	分工更為細緻，產出品質更高
缺點	講師一人負擔眾多的事務，剪輯品質難最佳化	較難以在短時間內製作超大規模課程	管理難度與成本也相對較高

Q48 團隊共同製作課程該如何分工？

如果決定採用團隊分工模式，以下彙整列出課程製作過程的重要製作任務：

任務一：製作課程內容、主講課程

製作課程內容與主講課程者，是線上課程籌備的最主要角色！主要有三大核心工作：

● **製作課程簡報**：根據課程目錄和內容，製作對應的簡報。簡報產出不僅需要清晰地組織知識，還需要符合設計原則，以提高學生的觀看與學習體驗。簡報的內容應該包括主要概念、範例、圖表和重要細節知識與資訊。

● **製作圖片和表格**：為了更清楚地解釋課程內容，主講者需要建立或引用相關的表格、圖片和圖表，可能需要具備圖表處理和排版的技能，確保知識能夠被清楚地排版和呈現，利用這些視覺元素輔助學員學習。

● **製作課程講稿**：例如準備課程錄製的講稿大綱或逐字稿，確保課程的流暢性和前後用詞與風格的一致性，清楚地傳遞知識。

任務二：課程企畫&專案管理

由於課程製作者有時會過度專注構想課程內容，較難分神注意其他事務（例如時程、成本、溝通協調等），若能有一位輔助PM幫忙協調進度是有幫助的，且此角色也建議在企畫前期就能先加入，比較能了解整堂課程的規畫。

課程企畫與專案管理者在製作線上課程時負責整體規畫和任務協調，確保課程的目標和進度是能達成的，並協調團隊成員的工作。

在課程內容企畫部分，需要統整教學內容，確保各個單元之間結構與內容的流暢度與邏輯性，且符合課程目標。此外，專案管理者亦需要負責協調不同角色之間的工作，確保團隊工作進展順利，若有風險則可及時發現與處理，團隊成員之間有有效的溝通，並依照進度管理表完成課程內容製作。

任務三：影片剪輯

　　如果是軟體操作類型的課程，大多數任務透過螢幕錄製軟體即可完成，但仍然需要安排剪輯資源，進行影片的修正、微調、優化。如果是需要更多場景錄製的課程（例如：肢體動作、音樂表演等），則可視資源安排一位專業的影片剪輯人員，於製作線上課程過程中負責錄製，使用錄影設備，設計燈光、收音等細節；錄製後負責編輯錄製影片內容，以確保影像和聲音品質達到最佳水準。

任務四：字幕配置

　　字幕對於學生的線上課程學習具有重要的輔助功能。字幕配置的任務為課程內容添加精確的字幕，並確保字幕與講師口述的準確性和一致性，幫助學生都能夠更全面理解課程內容。任務細節包含利用軟體將講師的口述內容轉化為文字字幕、確認字幕與影音內容同步，以及檢查錯別字或專有名詞拼寫正確。

　　由於字幕可以是一個非常獨立的任務，建議可額外聘請人員輔助，降低課程製作者的壓力，相關字幕任務的技巧，將於 Part 6 課程錄製說明。

任務五：品質管理

　　在線上課程上線前，品質管理是不可或缺的關鍵工作。為了讓課程內容的品質達到最高，品質管理者須仔細檢查課程中的各個面向，包括內容的準確性、影音品質、音訊流暢度，字幕正確性等等，統整所有修正或改進回饋意見，協助課程內容進行檢視與調整。

　　品質管理人員同樣不建議由主要製課者擔任，會有球員兼裁判的問題，最理想狀態是由充分了解課程知識的另一人來擔任，也經常是由 PM 專案管理人員兼任。

TIPS

以上僅是說明課程製作的常見任務分工，但並不是指每項任務都需安排不同人執行。在實際情況中，特別是預算有限的情況下，一人可能會身兼多職，例如主講者可能兼任課程講稿的製作，剪輯師可能同時負責字幕配置與品質管理，甚至可能是課程講師一人團隊，同時扮演所有角色。

Q49 如何管理課程製作進度？

　　如果有多人參與課程製作，筆者都會建立一個「課程製作管理表」來進行分工，讓大家透過此表總覽整體進度。以下分享筆者建立的管理表，欄位包括「施作進度」、「章節與單元」、「各單元的學習重點」、「負責人員」等等。其中可搭配適當的格式調整，用顏色區分不同的製作進度狀態，例如用綠色底色表示「影片完成」、黃色代表「影片進行中」、紅色代表「尚未開始」，並善用線條、區間、顏色對比隔出不同章節段落感，提升可讀性。

TIPS

由於製作一門線上課程動輒數百個小時，如果想要掌握課程製作的整體進度，強烈建議可以在工具上建立一個整體進度指標。進度指標可以用各項任務的執行進度與完成比例來計算，例如總共要完成五十支影片，而目前已經完成的有三十二則影片，則進度為 $32 \div 50 = 64\%$。此指標能讓進度更具體化，讓個人或團隊成員清楚知道目前的進度，也能以更客觀的方式評估接下來的工作量。

課程內容製作進度管理表範例

Final	品管	V3	字幕	V2	V1	簡報	Part	單元重點 / 學習亮點
							章節1：成為數據說書人	
完成	完成	完成	完成	完成	完成	完成	#1-1 善用圖表，說出更好的故事	起心動念 關於我
尚未開始	尚未開始	進行中	進行中	完成	完成	完成	#1-2 到處都是爛圖表	到處都是爛圖表、圖表偏好的潛規則
尚未開始	完成	完成	完成	完成	完成	完成	#1-3 課程四大知識體系	資料視覺化 - 四大知識體系 Tools & Skills｜資料分析與視覺化實作
完成	完成	完成	完成	完成	完成	完成	#1-4 課程各章節結構設計	各章節結構說明、目標產出、Take Away
							章節2：完整的資料視覺化企劃流程	
尚未開始	尚未開始	尚未開始	進行中	完成	完成	完成	#2-1 資料視覺化流程總覽	知識點 #1：你的視覺化目的為何？ 知識點 #2：值得認識的 Google 數據分析框架 知識點 #3：視覺化各階段重點
尚未開始	進行中	完成	完成	完成	完成	完成	#2-2 階段一：釐清資料視覺化的目的	知識點 #1：圖表對象分析（WHO） 知識點 #2：繪圖前先啟動對話 知識點 #3：拆解技巧 - 金字塔結構 知識點 #4：拆解技巧 - SMART 結構
完成	完成	完成	完成	完成	完成	完成	#2-3 階段二：確保適合視覺化的資料格式	知識點 #1：資料不是容易的事情 知識點 #2：關於髒資料（Dirty Data） 知識點 #3：視覺化主要格式 - 結構化資料 知識點 #4：Excel 一定是結構化資料嗎 知識點 #5：更多結構化資料轉換案例

來源：筆者的課程管理表

課程製作管理表的建議欄位

　　課程製作管理表的欄位中，除了將章節、單元流水號、名稱清楚呈現以外，可參考區分「人、事、時、地、物」揭露與即時更新，讓講師與團隊可以隨時掌握課程內容製作進度，或發現與克服瓶頸，並即時調整製作方向。

　　條列出章節、單元流水號和名稱後，即完成「事」，也就是任務的初步整理。在「人」的部分，應在各單元或學習重點的製作任務上方註記任務負責人，表示各項任務主要由誰負責進行，亦可在管理表上列出參與任務的所有成員，以便協調和互相討論與合作。接著每項任務也應設定明確的完成期限日期，有助於透過掌控「時」管理進度，並依照任務執行狀況適時調整完成期限。「地」的部分，若是透過雲端協作共同編輯，則可以在各單元任務放上課程內容簡報與製作結果影片的資料夾連結，節省找尋檔案的時間或降低遺失風險。「物」則可以放上各單元的學習重點。

TIPS

製作課程影片時，常常需要迭代更新更多影片版本，在管理表中可透過V1、V2、V3等等欄位來記錄每一輪的影片迭代狀態，而在進行影片檔案管理時，筆者通常會用「1-1_v1.mp4」這樣的名稱來進行命名，避免影片版本錯亂，或是取用了錯誤版本檔案，方便管理。

建立課程製作管理表的推薦工具

如果想建立課程製作管理表，以下推薦幾款筆者常用的工具：Google Sheets、Notion、Microsoft Excel等。這些工具都提供了方便的行列結構與管理模組功能，方便組織和管理進度。

―――――――――― 推薦的課程專案管理表製作工具 ――――――――――

	優點與適用情境
Google Sheets	● 類似Excel的試算表工具 ● 高度整合Google雲端服務，十分方便團隊協作
Notion	● 結合專案管理與工作流程的工具 ● 可自由切換表格、時間軸、看板等檢視模式 ● 可連結相關的不同任務，做更複雜的階層管理
Microsoft Excel	● 較適合一人或小規模團隊

PART 5

課程互動設計

延續前一章節的課程內容製作，除了依據課程定位規畫合適的課程架構之外，在實際傳遞課程內容時，線上課程的互動性設計也是重要的環節，對於引起學生的興趣、增加學習趣味性、提升學生參與度等都有幫助，良好的互動設計將能帶來更好的學習體驗，卻是容易被忽略的環節。

在實體教學中，講師和學生能夠直接看到彼此的表情和肢體動作，建立密切的互動，講師更可現場觀察學生的學習狀況，並即時調整課程內容或教學方式。然而在線上教學的情境中，例如錄播課程中，學生看著影片畫面一段時間後，可能會感到枯燥，很容易分心恍神。即使是直播課程，也不能強制學生開啟鏡頭，甚至有些直播環境只允許學生透過留言互動，相對於實體課程，線上課程更容易發生學生感覺「事不關己」的狀況，因為無法和講師交流，也會增加因為其他事情而分心的可能性。因此，在線上課程中加入互動設計，對於提升學習體驗來說非常重要。

本章節區分「5-1直播課程」與「5-2錄播課程」兩種類型，分別介紹互動設計技巧，並推薦一些好用的互動工具。

線上課程的互動設計

直播課程互動

技巧一：開場設計
技巧二：即時問答
技巧三：分組討論
技巧四：遊戲互動
技巧五：共同編輯
技巧六：播放影片

錄播課程互動

技巧一：引導閱覽資料
技巧二：善用影片暫停
技巧三：進行即時問答
技巧四：增加畫面動態

5-1

直播課程互動

你是否曾經有過這樣的上課經驗，講師忙著講課而忽略了與學生的交流和互動？又或者是在電腦前觀看直播，眼神卻越來越迷濛，或是打瞌睡。反過來想，如果你曾擔任線上直播的講師，應該體驗過在線上課程教學環境中，取得學生反應的困難。雖然線上直播無法完整建構出類似於實體課程的互動體驗，但依然有一些好用的技巧，幫助我們為課程設計一些互動環節和停頓時刻，不僅講師有休息空間，也能夠幫助學生重新恢復注意力。

為了建構直播時的互動，筆者會考量三大因素，分別為「互動技巧」、「互動工具」和「直播平台」。互動技巧是考量在直播課程的不同教學階段，使用各種方式來促進互動；而互動工具則可以提供多樣化的互動方式，豐富學習體驗；同時，不同直播平台也有其功能特性，會影響互動的模式。接下來，筆者將分享一些實用且有效的直播課程互動技巧，並介紹搭配的實用互動工具與常見的直播平台。

Q50 有哪些實用的直播教學互動技巧？

如果用直播的時間軸來切割，建議在課程直播開場時，加入一些互動寒暄或是問答，一方面可以與學生建立連結，也可藉此稍微等待那些延遲了幾分鐘

進入課程包廂的學生。而在課程進行時，則可加入像是：即時問答、遊戲互動、分組討論、共同編輯、播放影片等等互動環節。

TIPS

在線上直播課程中，建議每隔一段時間（例如十五分鐘）就可與學生進行一些互動，適時恢復學生的專注力，並保持課程互動的熱度。

技巧一：開場設計

設計一個好的課程開場，可以引起學生的學習興趣和參與程度，決定了上課的溫度和氣氛，也能夠穩定講師上課的心情和節奏。在課程開場時，可以多加入一些輕鬆軟性的開場語，建立與學生的連結和信任感，也拉近和學生的距離，用暖場的方式幫助學生放鬆心情，降低上課的心理負擔。

開場時，講師可以對課程內容進行概括性的介紹，讓學生可以期待上完課的收穫。接下來可以鼓勵學生「主動互動」，人數少的時候可以引導學生開啟麥克風講話，但直播課程大多參與者較多，則可引導學生採用留言或投票的方式來傳遞互動，在課程開始時就讓學生熟悉這樣互動的方式。例如可以請學生留言打招呼，或是傳一個表情貼圖；講師也可以詢問學生對主題的熟悉度，讓學生以簡單文字或數字方式簡單回應，開啟和學生的互動默契。

TIPS

分享一些好用的開場語，例如：「為什麼被邀約呢？」也很推薦「結合熱門時事」來開啟話題，例如最近火紅的運動比賽、新聞事件等等，減少學生要上課的緊繃感，活絡課程的氣氛。

技巧二：即時問答

在直播課程中，即時問答是一個常用、易用、有用的互動方式。在實體課程中，講師操作即時問答時，通常會請學生舉手或直接點名學生回答問題。而在線上直播的情境，講師難以看到學生的畫面，甚至無法看到所有參與者的名單，因此需要採用替代方式來進行問答，例如以下三種方式：

- **簡單詢問**：可以用輕鬆提問的方式，了解學生目前對於上課節奏快慢或課程吸收程度。講師透過口頭詢問或以簡報呈現幾個選項，讓學生用留言區回應數字，例如可以請學員用「1、2、3」來回答課程節奏「太快、剛好、太慢」，幫助講師即時調整上課的節奏。
- **即時投票**：另一種方式是提供學生幾個選項，讓大家進行即時投票，例如使用Slido的投票功能（下方會說明）作為一種民意調查，詢問學生對課程主題的經驗或熟悉程度。不同於前述使用留言區的方式，即時投票可以即時呈現出各個選項的百分比，所有學生也都能看到投票結果，講師就可以依據投票結果來引導討論。
- **提出問題**：如果學生在學習中遇到問題，他們可以透過留言區或其他互動工具提出，講師再找適當時機回答。如果發問很踴躍，學生可以在Slido上對其他人提出的問題按讚，講師可以優先回答獲得較多讚數的問題。

TIPS

分享筆者的直播課程經驗，在實作練習時，可以請「完成練習的同學」在留言區打1，而不是請「還沒完成練習的同學」打1，因為還沒完成的同學可能沒有空去留言，或是不好意思表示自己還沒完成。另外可以不用讓同學打「+1」，因為筆電或手機操作時不打「+」會更方便。

技巧三：遊戲互動

在課程中加入一些遊戲化的互動方式，可以增添上課的趣味性和緊張感，有效拉回學生的注意力，幫助學生更投入課程。遊戲中的題目設計，應該要有助於學生達到課程目標，學生在回答這些問題後，不論是否回答正確，都能幫助他們自我審視、有所收穫。

常用的技巧，是講師預先設計一連串的題目，在課程中以遊戲化方式來舉行問答競賽，並計算積分，藉以測驗學生對課程的吸收程度並提升學生的參與度。這部分很推薦使用Kahoot!工具來建立遊戲化的互動，該工具可以編排選擇題，學員只要有手機就可以即時加入參與遊戲。

此外，也可以設計抽籤點人回答問題，並累積積分；此部分推薦使用Wordwall互動工具，該工具提供許多不錯的抽籤、隨機點人效果。

TIPS

設計遊戲或獎勵時，也要留意課程對象與情境。如果該場次是面對許多高階主管的訓練場景，講師需要評估參與者願意參與遊戲的程度。如果該場次非常正式與嚴肅，或許不適合安排具有遊戲化元素的互動方式，講者可根據該場次的學習氣氛進行安排。

技巧四：分組討論

直播課程可以安排分組討論嗎？當然是可以的，且大多數直播教學環境也都有分組討論室的功能，提供學生彼此線上交流的機會，針對討論議題練習輸出想法。

分組討論時，需要考慮「如何進行分組」和「分組後如何進行討論」。分

組人數的考量，大約五人以下較為理想，避免組內人太多，有人沒機會發表意見。另外不建議課程頻繁修改分組，維持同組可以保持討論默契，節省重新分組的時間，也節省學生需要破冰重新認識組員的時間。

TIPS

在分組討論的題目設計上，講師需要具體而明確地說明題目，減少學生釐清議題內容的時間，幫助學生可以立即進入討論核心。討論時，需要記錄結論，同時提醒學生留意時間。討論後，講師也要邀請學生分享討論結果。

技巧五：共同編輯

在直播課程裡，共同編輯可以提供學生一起實作和交流想法的機會，刺激學生從被動聽講轉為主動學習。實體課程時，許多課程會準備便利貼、紙跟筆；在線上環境中，這樣的互動模式也非常重要，但許多講師苦惱於線上環境，該如何進行準備像是線上白板或是共同編輯的環境呢？

在這項互動任務中，筆者推薦以下幾款搭配的工具：Google Slide、Figjam、Miro；其中 Google Slide 是 Google 推出的線上簡報工具，提供多人共編的功能，在分組討論時也很適合作為共同記錄的編輯工具。

在需要學生共同發想更多創意和內容創作時，可以利用白板協作功能進行線上協同編輯。在工具的選擇方面，Figjam 和 Miro 都是很方便的線上白板工具，可以貼上虛擬便利貼，也支援繪圖、插入圖片等等常用的共同編輯功能。

在線上環境的共同發想和編輯的過程中，學生也能參考他人的想法並學習，透過一起玩樂、互相觀摩的機會，適時加入一些善意的同儕壓力，這也有助於促進學生更積極地參與課程。

TIPS

共同編輯環境所使用的軟體，通常會需要學生登入帳號以
進行操作；如果課程已經確定會使用特定的軟體或工具，
可以在課前通知時，請學生預先安裝或註冊帳號，讓課程
進行時的操作更加流暢。

技巧六：播放影片

在直播課程的中段，或中場休息結束後回到新一節課開場時，很適合播放
一小段影片（約一到兩分鐘）暖場，有助於重新聚集學生的注意力，講師也可
以趁此機會喝水潤喉。對於一些休息時間回來較晚的學生，影片播放也提供了
一個短暫的「緩和時間」，讓他們不用擔心錯過課程的前幾分鐘就跟不上進
度。

在課程中穿插影片是一種生動的教學方式，要注意的是影片的選擇應該和
教學內容有緊密的連結，或是可以刺激學生的思考，幫助他們更理解課程內
容，避免使用無關教學目標的影片，或是播放過長的影片（在線上環境時，筆
者僅會播放最多不超過三分鐘的影片）。

在影片播放前，講師可預先簡介接下來的影片內容，提示學生要觀看的重
點，有助於讓學生專心觀看細節，邊看邊思考講師的提示；而在影片播放後，
講師可以引導學生針對影片進行討論，作為一種教學的輔助工具。

使用影片教學要特別注意的是播放的效果，包括畫質和聲音的清晰度，就
這部分，講師必須在事前進行測試，避免影片播完了才發現學生聽不到聲音的
尷尬情況，此外有時也會因為網路不順暢，導致直播時的影片播放不順，都建
議提早測試。

TIPS

想要額外提醒的是，在線上直播教學時不需要趕進度，建議給予學生更多緩衝時間，讓他們能夠消化內容並解決疑問。線上直播課程的進度建議比實體課程更放慢一些，因為在線上教學中，學生更容易受到其他因素的干擾，不能期望達到與實體課程一樣的上課節奏。

另外也建議課程中每五十分鐘固定休息一次，這樣學生有機會調整狀態、恢復專注（例如讓學生上洗手間、吃東西補充能量）。講師不用擔心課程無法完成而趕進度，這反而可能會讓學生消化不良、降低學習效果。比起教完所有內容，更重要的是確保學生能順利學習，達成主要的課程目標。

Q51 有哪些好用的直播互動工具？

各類線上互動工具不斷推陳出新，對於講師而言，要過濾、熟悉這些互動工具也是一大挑戰，筆者挑選了一些好用的推薦工具，都是實際在直播教學時發現效果很好的互動工具，也分享給讀者。

直播互動與推薦搭配工具

互動技巧環節	互動重點	推薦搭配工具
一、開場設計	建立與學生的連結和信任感，拉近和學生的距離。	直接在直播教學平台留言、Slido
二、即時問答	測試學生對課程的理解程度，並提供學生提問的管道。	直接在直播教學平台留言、Slido

三、遊戲互動	增加直播課程的趣味性，提升學生的注意力和參與度。	Kahoot、Wordwall
四、分組討論	讓學生有機會互相交流，針對討論議題練習輸出想法。	Gather Town、直播教學平台的分組討論室功能
五、協同編輯	提供學生共同製作簡報或白板的機會，刺激主動學習。	Google Slide、Figjam、Miro
六、播放影片	作為教學輔助，也激發學生的思考。	任一款直播教學平台，都可分享影片畫面

　　本段先細部說明Slido、Kahoot、Wordwall、Gather Town、Figjam這幾款互動工具的使用情境，後一段則會分享幾款常用的直播教學平台。

Slido：容易上手的直播教學互動工具

● 網址：https://www.slido.com/

　　學生在線上課程進行時，對於舉手發言或提問通常會比較遲疑，或者是課程內容較充實，時間上來不及讓大家發問與討論，這個情境下可以使用Slido幫忙記錄學生的提問。

　　Slido提供即時投票和互動的功能。課程講師可以透過Slido進行即時投票，了解學生對於議題的看法，例如「是否有使用過某項工具」、「自我能力的評估」等等，可用來快速了解學生背景知識。

　　另外，Slido也提供問答功能，讓學生可以匿名或實名提出問題，降低學生對於公開提問的緊張感，且維持學生與講師之間的溝通。課程講師可以每隔一陣子查看是否有學生留下提問，回答學生問題、幫助解決疑惑，增強學生學習效果。

TIPS

筆者常在直播中間休息時，利用 Slido 讓學生回饋講課速度是否適宜，蒐集回饋後，即時調整教學的節奏和難易度。

Kahoot!：充滿樂趣的互動問答遊戲工具

● 網址：https://create.kahoot.it/

Kahoot! 是一項好用的遊戲化互動設計工具，提供多種活動，包含問答遊戲、測驗和投票活動等；也提供多種遊戲模式，例如倒數計時、隨機競賽和團隊合作等增加趣味性的設計。

透過遊戲化互動設計，讓學生們參與互動問答遊戲，活絡氣氛以提升學生的參與度和學習效果。在 Kahoot! 中，講師可以依課程相關知識設計自己的問答遊戲，學生則透過手機或電腦參與，Kahoot! 會依照答題正確率與回答的速度，呈現學生表現分析與競賽排名，讓學生得到遊戲化的學習體驗，更能投入課程，也可以幫助課程講師評估學生的學習進度和理解程度。

Gather Town：趣味性強的線上虛擬空間

● 網址：https://www.gather.town/

在需要學生們分組合作的工作坊課程中，仰賴合宜的互動設計，讓學生們與組員充分討論，提升學習效果。Gather Town 是一款線上虛擬空間，可以營造出身歷其境的教學環境，提升學生參與的沉浸感。

Gather Town 融合了角色扮演遊戲（Role-Playing Game, RPG）概念，課程講師和學生可以透過自訂的虛擬角色進入虛擬教室、虛擬會議室、虛擬咖啡店

或虛擬公園等等，透過鍵盤的上下左右方向鍵，即可控制角色在地圖內四處走動移動，且可以與空間中的元素互動，例如講師可以預先放置互動式展示白板、設置問答區，或舉辦小組討論等功能等。

Gather Town給予學生自主探索的自由度，透過查詢白板學習知識或查看公告、在問答區進行小測驗等等的互動設計，營造類似於實體空間的學習體驗。此外，當兩個角色靠近到一定範圍內，即可開啟鏡頭與麥克風進行對談，如同在真實空間一般。

Wordwall：提供多種遊戲化互動的教學工具

● 網址：https://wordwall.net/tc

Wordwall提供了多種遊戲化互動的教學工具，如：拼圖、填空、選擇題、互動式關卡等等，不僅能提升課堂的互動性，還能夠透過即時回饋來促進學生的學習。課程講師在Wordwall建立的活動可以是選擇題、拖拉配對、排序問題或隨機輪盤等不同形式，讓學生在遠距學習的情況下，也能輕鬆參與互動，增加趣味性和吸引力。

此外，Wordwall的隨機輪盤抽籤功能，可於直播時進行展示，學員看著輪盤轉動逐漸慢下來時的緊張感，也能達成一定的互動效果。此外，拖拉配對模組和排序問題模組，這些設計比選擇題更能激發互動，並活絡課程的氣氛，提升學習興趣和參與度。

Wordwall也提供即時回饋功能，課程講師可以隨時追蹤學生的學習進度和表現。學生回報的答題情況和進度都可以即時顯示在課程講師的統計報告中，讓課程講師可以即時調整教學內容和策略，針對學生的學習情形與需求做出適當的引導和輔助。

FigJam：功能強大的多人線上白板協作平台

● 網址：https://www.figma.com/figjam/

FigJam是由介面設計工具Figma所推出的線上白板協作工具，可用於團隊腦力激盪、產品原型設計和流程圖的繪製等各種情境，是適合多人協作的數位白板工具。FigJam的線上協作功能讓學生即使身處不同地點，也能共同在同一個平台上繪製、討論和協作。

FigJam可以融入線上互動教學，提供講師和學生一個豐富的互動和創意空間。講師可以事先設計好互動的架構，例如希望引導學生進行發想的議題或方法，在白板上使用文字、圖片、形狀和連線，將複雜的知識內容以圖像形式展示。

FigJam支援即時的多人互動和註解功能，課程講師和學生可以在白板上即時互動，討論和分享想法，透過拖曳畫面元素、畫線、註解等方式互動，增加參與度。FigJam支援PDF或圖檔方式匯出白版內容，讓講師可以將教學內容匯出後分享給學生。

TIPS

除了FigJam以外，Miro也是一套很多人推薦的線上白板互動工具，功能與FigJam類似。

Q52 有哪些常見的直播教學平台？

新冠疫情後，遠距教學及遠距工作盛行，更多人對於直播教學平台有了認識，像是Zoom、Google Meet等工具，這些工具通常都可提供網頁或是與手機APP連線，並支援音訊和視訊功能，有些工具還可加裝白板及投票等等外掛；

以下介紹幾款常見的直播教學工具。

Open Broadcaster Software（OBS）：能高度客製化的直播工具

- 網址：https://obsproject.com/
- 特色：可以客製化直播與錄影畫面，且可高度彈性加入特效的專業串流直播工具

Open Broadcaster Software（OBS）是專業的直播工具，具有相當完整的直播客製化功能，不同於一般的直播軟體只能呈現固定的畫面版型，使用OBS可以客製化直播畫面的排版、調整畫面的大小、套用不同的圖層，並可以在直播過程中加入字卡和轉場效果，或同時呈現多個畫面，也具有人物動態去背功能，更可以加入外掛來擴展其功能。

OBS支援YouTube、Facebook和Twitch等多個平台，可以結合多個音訊裝置來源，也可以加入來自手機和相機的畫面，相較於會議軟體，OBS可以提供更高品質的直播體驗。利用OBS Studio軟體，在下方操作介面可以切換場景、指定聲音和影片來源、調整音效混音器、自訂轉場特效、設定各個控制項。講師可以透過設計畫面大小，加入場景轉換和使用多個畫面，來提升直播教學的專業度，設計更豐富的直播內容。

YouTube：自動留存影片檔好管理

- 網址：https://www.youtube.com/
- 特色：普及的影音平台，輕鬆開啟單向直播，且會自動儲存回放影片

YouTube的直播功能需要申請開通，操作上很直觀好學，其提供了簡潔易操作的介面，讓講者能夠輕鬆進行單向直播。使用YouTube直播教學的優勢包括提供聊天室功能，學生可以透過聊天室與講師互動，例如傳送Emoji表情圖片、舉辦投票或提出問題，這些都可以提升互動，促進學習的參與度。此外，

在YouTube的直播影片也會自動轉換為可回放的影片，留存於雲端。

然而，YouTube直播也有一些限制，例如學生不能用麥克風或視訊鏡頭和講師進行互動。儘管如此，YouTube直播仍然是一個方便的工具，而且在直播教學結束後可以立即分享影片，並可以顯示留言區的即時重播。

Google Meet：操作最簡易，人人有帳號

- 網址：https://meet.google.com/
- 特色：最簡單操作，介面簡潔直觀且整合Google雲端服務

Google Meet的操作介面簡易好上手，且大部分人都有Google帳號，可說是進行直播課程最簡單快速的工具。只要有Google帳號，講師就可以建立直播教學，或在Google Calendar建立活動，方便安排課程時間；然而免費版有時數長度的限制，需特別留意。

若直播課程是屬於工作坊，或參與學生數量較多，有分組需求時，也可以使用Google Meet的「分組討論室」功能（付費版），將參與學生分成多組，讓各組進到各自的組別子空間中進行獨立的討論，並設定分組討論室的時間限制，讓所有組別在時間限制結束後，自動回到主要的討論室中。

Microsoft Teams：功能眾多的直播環境

- 網址：https://www.microsoft.com/zh-tw/microsoft-teams/group-chat-software
- 特色：整合微軟生態系且企業常使用的工具

Microsoft Teams是微軟提供的協作通訊平台，已經內建於Windows 11，特色是與Microsoft 365服務整合，使其成為企業常用的工具，同時也適用於學校或企業內部的線上直播教學。Teams具有建立班級團隊、進行視訊線上教學、即時通訊、白板和檔案共享等功能，且老師與學生可建立個人或班級筆記本；

此外，Teams 支援老師在課程中建立分組討論區，可以將學生分成多組進行互動討論或分享教材檔案，老師也可以彈性加入不同組別，觀察進度或參與討論。

Cisco Webex：品質穩定的會議平台

- 網址：https://www.webex.com/
- 特色：功能完整的直播教學工具

Webex 是思科（Cisco）提供的線上視訊會議平台，也適用於線上直播教學。課程講師可以透過 Webex 建立線上教室，邀請學生加入，使用 Webex 提供的實用互動功能如訊息討論、投票、分組討論和白板等，進行直播教學互動。

Webex 的分組討論功能十分彈性，除了預先指派分組名單以外，講師也可以在不同組別的畫面跳出廣播文字視窗，或在各組別畫面中彈性移動或交換學生到不同的組別，或在結束所有分組討論後，讓所有學生回到主課程會議室。

Zoom：免費版就有強大的功能

- 網址：https://zoom.us/
- 特色：免費版即可錄影的直播工具

Zoom 也適合用來進行線上教學直播，而且免費版本即有提供錄影功能，方便學生在課程結束後能夠回顧複習。Zoom 內建電子白板功能，讓老師可以即時透過畫筆、圈選或文字註記在白板上，在人數較少的直播課程或分組討論過程中，也可以開放共同註記，讓與會者一起在白板上協作交流。需要注意的是，Zoom 曾經有資安方面的疑慮，使用時需留意教學相關單位和組織的規定。

5-2

錄播課程互動

　　人的注意力通常只能維持幾分鐘，觀看錄播課程時也不例外。長時間盯著螢幕畫面容易消耗專注力和耐心，即使是學生非常感興趣的主題也很容易分心。然而，錄播課程進行時，講師並不在學生的旁邊，也能設計互動嗎？

　　雖然錄播課程無法像直播課程那樣可以即時互動，但互動元素對於錄播學習體驗仍然非常重要。接下來，筆者將提供一些錄播課程的互動技巧和推薦工具，讓學生在收看課程時，也能參與到講師事先準備的互動。

Q53 有哪些常見的錄播課程互動技巧？

技巧一：引導閱覽資料

　　講師可以提供連結，請學生閱覽課程內容以外的文章、網站或影片資料。藉由學生點選連結和查閱資訊的動作，達到一種互動的效果。提供課程內容外的資訊，也可以擴展學生對課程主題的理解，促進自主學習和深層思考。需要注意的是，若要在簡報中放上外部資訊，必須留意版權問題，一種較為安全的方式為僅提供連結，由學生自行點閱。

技巧二：善用影片暫停

在錄播課程影片中，講師可以請學生按下暫停來思考問題，或是在軟體操作的課程中請學生實際練習操作。這種互動方式可以幫助學生重新聚焦，並可立即檢視學習成果。另外也可以直接用錄播影片來呈現暫停的倒數計時，加上倒數秒數畫面和背景音樂，優點是有陪伴感，但也可能讓學生有時間灌水的感覺。

技巧三：進行即時問答

即使是錄播課程，講師依然可以在課程中增加問答環節（可利用平台模組進行即時互動，許多教學平台都有提供問答的模組），或是直接丟出開放性問題，刺激和鼓勵學生積極思考和參與。開放性的問題可促使學習者進一步思考，例如在簡報上列出問題，讓學生暫停影片，將答案寫在筆記本上或在一個線上答題平台上作答。

技巧四：增加畫面切換

透過畫面切換，例如由全螢幕簡報，切換到全螢幕的講師正面拍攝畫面，或是切換到網頁或軟體操作視窗等，來增加課程畫面的互動感，避免長時間固定在單一的畫面。加入適當的簡報動畫，例如講到對應的標題再顯示底下的細節，或是彈出字卡效果，可以增加互動感，也使畫面更生動，抓回學生注意力。

> 在剪輯時，也可考慮加入更多畫面切換效果，不過在錄製時可能就需要多機進行（例如同時錄製螢幕畫面，加上旁邊有一台攝影機進行側錄），拍攝與剪輯的成本會提高，但也可以避免影片持續停留在相同畫面的枯燥感。

Q54 有哪些好用的錄播課程互動工具？

以下推薦三項實用工具，可以在錄播課程時搭配使用，促進互動的效果，包括「螢幕標註工具」、「Google Form」、「課程學習單」，可參考以下說明：

一、螢幕標註工具

錄製課程時，由於滑鼠游標較小，當想要引導學生查看螢幕畫面上的某個區塊或方向時，往往需要用較多口語加以說明，除了效率不高外，也容易讓學生感到負擔。這時候，就可以善用螢幕標註工具（screen annotation tools）引導學生視線和注意力，讓螢幕畫面成為白板一樣，可以書寫與互動。

常見的螢幕標註工具在 Windows 系統中有免費的「zoomit」軟體，在 Mac 系統則推薦需要些許費用的「Presentify」和「Pro Mouse」。這類螢幕標註工具提供了許多實用功能，讓螢幕畫面成為講師的簡報畫布，讓游標成為講師的引導手勢。例如「畫筆功能」可在畫面上畫線、畫箭頭、畫框線標註重點，或是書寫註記，還可以切換顏色，凸顯不同的重點。另外，螢幕標註工具也可以放大特定區域、讓游標顯示光圈等等，幫助引導視線與強調重點。

二、Google Form：進行即時測驗，自動核對答案

　　Google Form是Google提供的實用服務之一，主要是用來製作填答問卷或表單，筆者除了使用Google Form製作學生問卷或報名表以外，也會運用它來設計隨堂測驗題目以及自動批改。

　　在Google Form將表單設定為「測驗」類型後，在表單的每一則題目都可設定對應的正確答案與分數，透過Google Form自動對答案的功能批改作業。也可以設定在學生提交後立刻在表單畫面上公布成績，且學生可查看答錯的題目與正確答案，讓學生可以在看完錄播課程影片後，立即透過課後測驗進行複習。

三、課程學習單：學生可以自行勾選，立即檢視學習成果

　　錄播課程常涵蓋許多學習重點，若能夠提供學生一份學習單，上方除了呈現章節規畫以外，也彙整了各個章節所能學到的學習重點，對於學生的進度掌控會是非常有幫助的，不僅可在學習單上勾選自己已經學習的進度，也能夠閱覽有興趣的知識關鍵字，依照自己的興趣、喜好或需求進行跨章節的學習。

　　學習單上建議包含的元素要有封面與內文，封面的部分可匯集線上課程相關的資訊，例如課程名稱、網址、講師提供的講義連結與延伸學習資訊；內文部分則可有條理地呈現章節名稱、學習重點名稱等。

資料變決策！商業圖表製作與視覺化分析的技術
課程知識點學習單

課程網址	https://hahow.in/cr/data-viz
簡介	這堂課程以資料分析、製作商業分析圖表實務流程為基礎，帶你深入商業圖表製作的四大基礎能力！ ・主軸一：用數據說故事的技巧 ・主軸二：資料分析與視覺化整合流程 ・加碼：ChatGPT 與視覺化分析之流程 ・主軸三：商業圖表養養 ・主軸四：資料視覺化設計 ・主軸五：視覺化技術與工具操作
講師介紹	https://www.visualization.tw/
臉書社群	資料視覺化 / 商業分析研究社
講師部落格	https://www.tableau.tw/
學習地圖使用說明	學員們可暫存或列印出知識點學習地圖。快速總覽並掌握課程知識點，完成每個單元或知識點後，可以打勾紀錄，掌握進度 📌。

資料變決策！商業圖表製作與視覺化分析的技術｜講師：彭其捷

【章節2】 完整的資料視覺化企劃流程

#2-1 資料視覺化流程總覽

- ☐ 知識點 #1：流程與可用資源
- ☐ 知識點 #2：值得認識的 Google 數據分析流程
- ☐ 知識點 #3：視覺化各階段重點

#2-2 階段一：釐清資料視覺化的目的

- ☐ 知識點 #1：圖表對象分析（WHO）
- ☐ 知識點 #2：製圖之前，從對話開始
- ☐ 知識點 #3：圖表靈感技巧 - 金字塔結構
- ☐ 知識點 #4：圖表靈感技巧 - SMART 結構

#2-3 階段二：確保適合視覺化的資料格式

- ☐ 知識點 #1：資料不是容易的事情
- ☐ 知識點 #2：關於髒資料（Dirty Data）
- ☐ 知識點 #3：視覺化主要格式 - 結構化資料
- ☐ 知識點 #4：Excel 一定是結構化資料嗎
- ☐ 知識點 #5：更多結構化資料轉換案例

> 筆者在錄播課程上線後，提供給學員的課程學習單

TIPS

不論直播或是錄播課程，講師的聲音控制也會大幅影響線上課程的互動體驗。筆者喜歡用「聲音的展演」來描述講者的聲音控制。根據目標對象與課程主題差異，可以切換例如：沉穩的語調、活潑的語調、信心的語調、擔心的語調等等，透過聲音來提升與學員的互動感。讀者也可以先將自己的課程錄製下來，切換為學生的視角，聽聽看自己在課程中的聲音帶給人的感受。

PART 6

課程內容錄製

筆者多年前第一次製作線上課程時，低估了實務上的難度，例如像是麥克風的選擇，或是如何剪輯等等，其中存在著許多學問！因此，本章從筆者的視角，整理關於課程影片錄製的經驗分享。切分為幾個段落：「6-1聲音錄製」，包括麥克風選擇、錄製口語修正等等技巧；而「6-2課程影片錄製」則會說明影片錄製技巧，包括場地的選擇、錄製軟體的選用、燈光控制等等；「6-3影片剪輯」則說明剪輯軟體、是否委外剪輯等經驗分享；「6-4影片字幕」則分享字幕處理技巧，包括如何用AI工具輔助生成字幕，加速課程的製作。

TIPS

可能會有讀者心想，講師已經需要花費大量時間精進專業能力了，竟然也需要了解相關的錄製、剪輯知識嗎？由於線上課程跳脫了實體學校系統的框架，在傳統的學校系統中，較可能會有助理、助教等人協助配置教學環境；然而在線上課程的產業中，許多都是「一人公司」，二至三人的小型團隊也很常見，身兼多職是很普遍的狀況。筆者製作第一堂線上課程時，從錄製、剪輯、配音都是自己完成的，錄製與剪輯將會是許多講者在起步階段會遇到的挑戰。

6-1

聲音錄製

　　課程的聲音錄製品質，是許多講者容易忽略的環節，良好的聲音體驗可以提升學員的好感度與學習意願，相反地，若聲音品質不佳，就算課程品質良好，學員上課的體驗還是會受影響。

　　以下整理了聲音錄製的相關主題，實務上，只要挑選適合的麥克風，以及調整麥克風收音時擺放的位置，就足以大幅提升錄音的品質。本段落將介紹關於麥克風的類型與挑選參考，以及錄音時應留意的細節。

Q55 如何選擇合適的麥克風？

　　麥克風的選擇會直接影響教學影片的聲音品質，當然預算是需要考量的要素。本段落區分入門級麥克風、筆記型電腦內建麥克風以及其他專業品質麥克風，說明各自的優缺點供讀者參考。

入門等級麥克風

　　入門等級麥克風在此處指的是較低價位（臺幣一千塊以下）的初階麥克風。這些麥克風通常是附帶在耳機上或獨立的入門級麥克風，收音品質有限，有時無法捕捉到清晰且自然的聲音，也相對容易受到環境噪音的干擾，或是較

無法有效地辨識及隔離背景噪音，影響學習者的聽覺體驗。

筆電內建麥克風

通常筆記型電腦也有內建麥克風，確實是便利輕巧的選擇。筆者日常使用的是 Macbook Pro 系列筆電，其配有品質相對良好的內建麥克風，然而不同筆電的麥克風品質差異頗大，強烈建議先進行收音測試，再進行正式錄製。

此外，有些筆電內建麥克風可能存在一些缺點或限制，例如內建麥克風的位置位於螢幕的頂部、鍵盤下方或筆電轉軸處，可能會因離講師嘴巴較遠，導致收音靈敏度與品質較差，無法良好地捕捉講課聲音，也較容易受到背景噪音的干擾。若預算允許，還是會建議直接選擇以下介紹的動圈式麥克風與電容式麥克風。

TIPS

麥克風與講師嘴巴的相對位置，會大幅影響收音品質！建議可錄製一小段測試確保音質後，再正式進行錄製。另外有些麥克風會提供「指向式」、「會議空間」等等模式，也可切換觀察哪種模式的收音效果最理想。

動圈式麥克風與電容式麥克風

常見的兩類專業麥克風為「動圈式麥克風」及「電容式麥克風」，其中「動圈式麥克風」靈敏度較低，講師要靠近麥克風才能收到音，但也較不容易收入環境噪音（當然還是要看品質而定，並非絕對）。筆者通常是採用「電容式麥克風」，其普遍具有更高的靈敏度和良好的聲音捕捉表現，聲音更為清晰、細膩。但要注意有時因為收音品質太好，可能會收到許多環境噪音、講師

的唇齒音、口水聲、呼吸聲等等，反而需要更多的影片後製處理。

領夾式麥克風

　　領夾式麥克風也是很常見的錄音好幫手，最大的優點是重量輕巧、方便移動及能夠隨身攜帶，適合站著錄製或是需要較多動作示範的課程錄製時使用。領夾式麥克風需要將麥克風放置於靠近課程講師嘴巴之處，確保清晰收音後再正式錄製，適合用於接收單人聲音，不適用於需要收納歌聲、環境音或多人聲音的情境。

麥克風選擇參考

　　下表提供一些推薦新手的麥克風選擇參考，但建議還是親自試用，選擇真正適合自己的設備；想跟讀者分享，除了收音能力外，外型、好攜帶、好收納、價格等都可以納入考量點。

麥克風選擇參考

價位區間	參考品牌	參考型號
一般價位（約新臺幣一千到兩千元左右）	鐵三角	AT9933USB 麥克風
	Blue	Snowball iCE 小雪球麥克風
中價位（約新臺幣兩千到三千元左右）	鐵三角	ATR2100x-USB 動圈式麥克風
	RODE	Lavalier Go 領夾式麥克風
高價位（新臺幣三千元以上，甚至超過萬元）	鐵三角	AT2005USB 動圈式麥克風
	Blue	YETI X 電容式麥克風
	Shure	MV7 動圈式麥克風

小提醒，課程最重要的還是內容，內容若不符合學生期待，即使搭配再好的麥克風，也無法讓學生滿意；但如果課程內容很好，卻因為使用了收音過差的設備而影響學生的上課體驗，就真的很可惜了。

Q56 如何確保課程的錄音品質？

前一段聊的是收音的硬體選擇，本段則繼續分享一些會影響錄音品質的要素，整理提供給讀者參考：

環境音的控制

一般生活與工作空間，例如自己的房間或小會議室等，通常都會有外來噪音，有時也會因空間過大而有回音的問題，可考慮在牆壁加裝隔音棉或吸音板，或使用厚一點的窗簾來輔助吸音，並調整麥克風角度與距離，親自聆聽以確保達到最佳收音品質。

然而，除非租借昂貴的錄製室，不然大多數錄製環境都無法完全避免細微環境音，例如收到喇叭聲、救護車或消防車的聲音都是常見的狀況，普遍的作法是於後期製作時，透過軟體進行降噪、微調、優化等處理。對於學員來說，課程進行到一半，如果聽到救護車之類的聲音，感覺會比上實體課時聽到的更明顯，容易打斷學習的心流。

TIPS

如果課程錄製過程曾變動場地，或甚至在同場地，僅是麥克風擺放位置不同，錄出來的聲音質感就有可能產生差異，且在後期製作時的處理也頗為麻煩，因此建議在錄製時就需要留意，錄製出的聲音和質感是否具有一致性。

音量、語速、口水聲的控制

講師在課程錄製過程中，建議盡量控制語速，讓整體速度感受接近，並可適當斷詞、斷句，利用停頓來傳達句子與段落的起伏、鋪陳及掌控課程節奏。

此外，老師也可以在試錄階段時，留意不自覺發出的聲音，包含呼吸聲、口水聲、物品撞擊桌面及手指敲擊桌面的雜音，這些聲音在課程播放時會很明顯，若音量過大，可能會導致學習者分心。可透過調整咬字方式、呼吸方式、麥克風位置等等，提供更佳的聲音錄製成果。

TIPS

開始錄影和錄音前，建議先試錄一小段，確認聲音和影像皆沒有問題後，後續盡量不再變動錄影空間與麥克風相對於人聲來源的位置，確保收音角度與音量體驗是一致的。

咬字、語氣與聲音技巧

課程講師於錄製時也應注意咬字方式，盡量每個字詞清楚發音，尤其容易被混淆的字或非常見字彙，建議「放慢」讓字句更清楚傳達。在語氣上，可善

用抑揚頓挫的技巧，在較長的句子或段落中以音量大小變化來凸顯重點。在轉換不同段落時，則可稍微加重語氣作為提示，提升學生聽課時的專注度。

TIPS

有些人在講課時習慣搭配閱覽逐字稿，但很多人看稿反而會讓口語不流暢，或是抑制了語氣的抑揚頓挫，或導致語氣僵硬。因此錄製時會建議「盡量減少對字幕、逐字稿的依賴」，讓口語更流暢、自然地傳達給學員。

Q57 錄製課程時忘詞或口誤的應對方式？

筆者在錄製課程時，針對每張簡報，會預先想好要講的內容（不然講錯重錄或是剪輯後製都更為麻煩）。如果內容較多，則建議撰寫課程腳本，或利用簡報的備忘稿功能，記下內容要點或關鍵字作為提醒用。以下也補充幾個小技巧，可以幫助我們避免忘詞和口誤等狀況。

技巧一、搭配雙螢幕呈現

不論是直播或是錄播課程，都可看狀況使用雙螢幕環境，其中一個畫面播放簡報，另一個畫面則可同步呈現備忘稿和腳本等，常見的簡報軟體也都有支援類似的功能（PowerPoint、Google Slides）。

技巧二、錄製時發生口誤，直接重錄

錄製課程影片過程中，難免出現口誤、突然忘詞或稍微停頓以整頓思緒的自然反應，最簡單的作法是立即停止錄製，捨棄該片段檔案，並重新錄製該段

筆者的簡報備忘稿示意圖，可透過雙螢幕的第二螢幕輔助顯示

落。優點是不會增加後製時要處理的檔案數量與負擔，且可當下確保影片的流暢度；然而這種作法的缺點，則是會中斷講者當下的情緒，需要花費更多時間和精力重新回到講課錄製的狀態，反而耗費了更長的時間。

技巧三、錄製時發生口誤，先不管它，直接錄完

另外一種作法，當發生口誤時不重錄，避免時常中斷錄製所導致的疲勞感，筆者建議的應對方案為「不中斷該段影片錄製，在後續的影片剪輯階段再行修正，使用剪輯工具刪除口誤、忘詞或停頓的部分」。

此種作法，通常可以確保影片口吻的流暢度，也能節省重新錄製的時間，在後期剪輯中亦有足夠的靈活性。然而有時在後製階段才會發現內容錯誤過多，這時可重錄部分片段，並透過剪輯技巧，將替代的零星片段加入原本的影片中。

分享一個剪輯技巧，即在錄製過程中，當口誤發生時，可以直接安靜幾秒

221

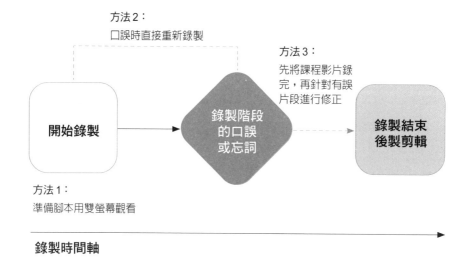

方法2：
口誤時直接重新錄製

方法3：
先將課程影片錄完，再針對有誤片段進行修正

開始錄製 → 錄製階段的口誤或忘詞 ⇢ 錄製結束後製剪輯

方法1：
準備腳本用雙螢幕觀看

錄製時間軸

▎錄製課程時口誤的兩種常見應對方法，直接重錄或是於後製時修正

鐘後重講一次；這樣後續剪輯時，可透過觀察影片的聲波形狀，當突然出現平平的聲音波形，即可推斷該處可能有一段需要剪掉口誤的片段。如果錄製時有旁人輔助的話，也可由協助錄製的工作人員在腳本中備註錄製所發生的特殊狀況與發生時間，以利剪輯人員後製時參考調整。

TIPS

如果是直播的線上課程，與錄播課程不同，當下可以立刻修正，以輕鬆、自然的方式即刻進行口語修正（例如說：「不好意思剛剛講錯了，更好的說法應該為……」），並在傳達時帶出自身的專業度。

最後補充，不論是錄播或直播教學，過程出現小錯誤或停頓都是超正常的情形！不需要過於緊張或完美主義，最重要的還是課程內容品質，口條雖然重要，但都屬於加分的項目，請有信心地將訊息傳達給學員吧！

6-2

課程影片錄製

　　除了聲音錄製外，本段落將分享一些影片錄製的技巧，包含：場地的選擇、常見的影片錄製硬體、錄製注意事項以及燈光技巧。

Q58 如何選擇錄製線上課程的場地？

　　錄製場地根據可使用資源而定。以下介紹三類型錄製空間：自己熟悉的環境、租借會議室或錄音室及租借攝影棚。

自己熟悉的環境

　　一般來說，只要在夠安靜、背景不要過於雜亂的空間，就可以進行線上課程的錄製，且在家中可自由布置背景，例如添購綠幕背景做去背，或是裝潢成類似課程風格的布景（例如：溫馨感、夜店感、民俗風）等等，當然前提是居家環境擁有足夠的空間做配置。

　　然而，前面有論述過，空間大小與環境噪音會影響收音品質，居家環境雖然較自由，但更容易有環境噪音，或是水泥牆壁的回音等等，可盡量嘗試營造阻隔噪音的空間，或手動在錄音麥克風旁邊增加更多吸音材質（例如布、棉被、大浴巾、吊掛衣服等等），並測試收音效果。

TIPS

如果仍會錄到環境噪音（例如：機器聲、車輛喇叭聲等），也不用太擔心，因為這些聲音通常可以使用後製軟體進行「降噪」去除。然而若能在錄製階段就減少噪音，可確實減少後製階段的麻煩。

租借會議室或錄音室

若自己熟悉的環境較為吵雜、雜亂或空間過小，則可以考慮租借會議室或錄音室進行錄製。一般空間租借是以時數計費，會提供空間、桌椅、投影機等器材，課程講師需自備麥克風、攝影機等硬體設備；而如果是專業的錄音室，則會提供品質較好的麥克風設備供使用，且會是安靜空間，但根據筆者經驗，課程需要頗長的錄製時間，若租借錄音室，將會是一筆不小開銷。

筆者在外部會議室進行直播課程的畫面，可以留意到麥克風是使用外接的，效果會比筆電內建好

攝影棚錄製

　　攝影棚一般是專業攝影師租借用來進行商業攝影的空間,優點是通常備有專業的燈光、攝影與錄音設備,且有架設好或可客製修改的攝影場景可用,確保拍攝出的影片品質,也廣泛用於線上課程拍攝;缺點則是租金高昂,且需要搭配更多工作人員協助,例如需要有操作打光、錄製器材的專業人士,或是了解拍攝空間配置技巧的專業人員等,也會拉高製作成本。

筆者於攝影棚進行線上課程錄製的畫面,圖中的設備需要依賴其他專業人員來輔助配置

TIPS

以上提了許多錄製經驗分享,但反覆強調線上課程最重要的還是「內容」!如果課程內容好,只要擁有一定程度的錄製品質就足夠了!反之,如果課程規畫內容不佳,則就算是在頂尖的攝影棚錄製,也不足以改善本來就品質不好的內容體驗。

筆者第一堂課基本上在自己家裡就錄製完成了，搭配電腦的視訊鏡頭以及外接麥克風，雖沒有華麗的設備，但對於課程本身的教學內容仍然很有信心！但隨著線上課程市場競爭白熱化，學員們可能也會逐漸習慣更高品質的影片，更進階的剪輯技巧則可能成為常態，了解更多拍攝知識依然是有幫助的。

Q59 有哪些推薦的課程錄製軟體？

若線上教學是以「播放簡報」、「軟體教學」等內容為主，則大部分課程內容會透過「螢幕錄製」的方式完成。本段分享筆者常用的三款課程錄製軟體：Open Broadcaster Software（OBS），QuickTime Player及Canva，以下針對此三款介紹。

三款常見錄製軟體比較表

錄製軟體	支援作業系統	優點	核心限制
Open Broadcaster Software（OBS）	Windows & MacOS	可進行複雜完整的場景、素材等設定與操作	硬體資源需求較高
QuickTime Player	僅限MacOS	方便快速錄製影片	提供錄製的支援功能較少
Canva	Windows & MacOS	內建許多免費的設計素材	需付費才能使用進階功能

Open Broadcaster Software（OBS）

Open Broadcaster Software（簡稱OBS）是一個功能非常強大、使用人數眾多的錄影與直播或錄製軟體。在直播功能上，OBS支援Facebook、YouTube、Twitch等數十個直播平台；在錄影功能上則支援MP4、MOV等影片輸出格式；在OBS中可以針對場景、來源、混音器、轉場特效進行不同操作。

────────────── **OBS用於線上課程的常用模組整理表** ──────────────

	功能	範例
場景	可設定多個不同場景、自由切換	開場畫面、課程內容、Q&A、結束畫面等
來源	針對畫面內容設定多項素材來源，包含影像、聲音、圖片、瀏覽器或特定網頁視窗，並可設定素材的上下階層編排	在畫面角落放上品牌Logo，並固定為畫面最上層的元素
混音器	針對不同音訊來源處理聲音、套用濾鏡、降噪等等	建立背景音樂或音效
轉場特效	用轉場特效進行場景切換	畫面的淡入、淡出

QuickTime Player

QuickTime Player是蘋果電腦內建的軟體，MacOS作業系統皆內建此多媒體播放與錄製軟體。除了可播放數位影音外，也很方便進行高解析度螢幕錄製；最大的優點是超容易上手！缺點是功能較陽春，例如無法同時錄下螢幕與課程講師的影像畫面，也無法像OBS或Canva設定較複雜的場景、轉場效果或畫面素材，僅提供核心錄製功能。

Canva

Canva是用來製作簡報、影片、社群媒體素材的知名設計工具，但許多人不知道也可用它來錄製影片；從教材簡報製作、教學影片錄製、影片剪輯與後製、影片輸出，都可在Canva整合環境中完成。

Canva的「影片」功能可同時進行線上教學簡報製作、加入想要的動畫與特效設計，並為簡報設定轉場效果；完成簡報製作後，即可透過Canva的影片錄製功能，同時進行教材畫面及課程講師的影像錄製，錄製完畢後可在Canva進行簡易的剪輯、修正口誤或過長的停頓，此外也可加入音樂素材混音。

Q60 課程影片錄製前，有哪些準備事項？

以下分享筆者在正式錄製前（點下錄製按鈕之前）的一些準備經驗，包括教材、場景的準備等。

檢查教材的連結

在直播或錄製開始前，預先點擊課程中會使用到的教材連結，檢查簡報與連結皆可正常使用，並適度彩排簡報與瀏覽器頁面的切換、確保流程是熟練且流暢的，避免錄製過程中需要等候開啟或找不到正確檔案與連結的尷尬情形，影響教學品質；有時難免會遇到網頁需要載入、軟體開啟等待的狀況，這些片段都可透過後製去除。

課程播放影片

教材中如果有播放影音片段，可測試電腦直接播放的錄製效果，因為通常

錄製的效果並不好；萬一影音不清楚，建議可另外將影片匯入剪輯軟體中，與原本的課程進行合成。

評估是否同時出現講師畫面

　　線上教學影片也常會搭配老師講課的頭像，隨著課程進行或教材切換，學員可以即時看到老師的講課畫面與細微表情變化，在課程中更容易有老師在一旁講課的感覺，沉浸感較高，也可讓畫面更加豐富。

　　若打算在課程影片中同時呈現講師畫面，可評估使用筆電內建攝影機，若要更高解析度的畫面或是更好的拍攝視角，則可採用外接網路攝影機（Webcam）攝影鏡頭，或是連接手機鏡頭作為網路攝影機來進行錄製。

TIPS

如果講師的畫面不大，類似子母畫面的呈現方式，攝影機畫面品質影響可能較小；但課程若需要滿版呈現講師的示範畫面，攝影機品質的影響就很大了。

進行場景布置

　　拍攝過程若能布置拍攝背景，可營造不同的影片感受，例如帶來專業感或隨和親切感。輕量版的背景布置可以讓背景空間留白，以簡潔風格呈現。若想呈現特色場景背景，可使用有講師個人品牌特色的海報，或用一些特色小物布置畫面以增加個人特色識別度，例如搭配放置「牛頓擺球」小物來營造科學感，增加燈光布置也是常見的作法，可依照想營造的影片形象，決定場景布置風格。

運用辦公室空間當背景拍攝，提升商務感
（圖片來源：筆者的Hahow課程）

準備適合自動去背的錄製環境

　　有時在家裡錄製，背景雜亂而整理又困難的話，很多軟體都支援「自動去背」功能；若要提升去背效果，則可以添購小型綠幕或盡量採取單一色調背景，或將純色布料或紙材放在身後，輔助錄製軟體AI去背，讓去背畫面輪廓更清晰。

　　筆者常用的去背錄製方式之一，是使用Google Meet並開啟只有自己加入的會議室，接著使用Google Meet內建的自動去背效果，再搭配螢幕錄製軟體（筆者使用的是Mac的Quicktime），將Google Meet投放的畫面錄製下來即可（如果是付費版的Google Meet，則已經內建有錄製功能）。

　　而若要更專業的去背錄製方法，則可以使用OBS（Open Broadcaster Software）軟體錄製課程，安裝OBS的Background Removal（背景去除）外掛濾鏡，利用AI即時進行去背，也可套用自己喜愛的背景圖片。

許多軟體都有提供不錯的人物去背功能（此圖
為 Google Meet 去背與模擬背景畫面）

Q61 拍攝時的燈光技巧重點？

燈光設置能夠提升課程講師的影片呈現質感，不過也受使用的器材、光源角度和燈光風格影響，而有所差異。以下說明器材、風格、色溫等觀念。

燈光器材的選擇

常見的拍攝燈光器材包含日光燈、夾式桌燈、環形燈及補光燈等。日光燈可提供大面積的光源，桌燈則是居家很容易取得的燈光器材，但日光燈與桌燈的色溫通常是固定的，比較難變化風格。

建議拍攝時，可搭配環形燈或補光燈做亮度與風格的補充，環形燈是好入門卻又非常實用的補光設備，對於拍攝直播或錄播線上課程而言很是方便；補光燈擁有「好攜帶」的特性，是筆者很愛的燈光設備，可以調節亮度和色溫，

營造出不同效果。以下彙整常見的燈光器材及特性：

常見的燈光器材

常見燈光器材	日光燈	桌燈	環形燈／補光燈
特色	最常見，房間通常都有；但亮度與色溫通常是固定的、無法調整。	優點是隨手可得；但亮度與色溫通常是固定的、無法調整。	入門但實用的補光設備，很多網紅都是使用這樣的設備，也容易攜帶，通常可以調節亮度和色溫。

燈光風格與色溫

不論是直播或錄播課程的畫面呈現，或拍攝講師形象照，都可以透過燈光顏色和色溫方式營造形象與風格。使用暖色調的燈光可以營造出親切、溫暖的氛圍，適合用於講述較入門或軟性的課程內容；使用冷色調的燈光風格則可以營造科技感和專業感，適合用於科技相關或中高階知識的課程。

燈光的角度

不同的燈光角度也會影響視覺效果。例如，從正面照射的燈光可以讓臉部細節清晰可見，呈現出明亮、友好的形象；從側面或後方照射的燈光則可以讓五官比較立體、營造出風格比較強烈的調性。

TIPS

以上關於拍攝場景與燈光使用的觀點，屬於筆者半路出家的個人心得，曾跟專業攝影團隊合作過，選用的拍攝器材與燈光設備都是幾十萬、幾百萬起跳，確實能夠拍出更好的景深與專業感。然而，如果讀者跟筆者相同，也是從素人開始製作線上課程，剛開始時通常也不會有這些拍攝資源；然而真的不需要氣餒，只要有好的課程知識品質，搭配基礎的拍攝概念，不需要用太貴的麥克風與打光設備，就能拍出一定水準的課程品質！

6-3

影片剪輯

　　線上課程影片剪輯的流程差異頗大，通常會包括：整體剪輯、聲音降噪、後期製作、影片輸出、字幕搭配等等流程，筆者的課程大多數採用自行剪輯的作法，後面會分享幾款使用過的剪輯軟體；但筆者也有跟外部剪輯團隊合作的經驗，專業剪輯團隊確實擁有更豐富的剪輯技法，但會需要投入相對高昂的剪輯成本（找外部專業團隊的剪輯成本，可能是自行剪輯的十倍甚至更多），讀者可依照自己的狀況來評估。

　　以下分享像是剪輯軟體的使用、是否委外的考量點等相關注意事項：

Q62 有哪些推薦的剪輯軟體？

　　市面上有許多入門至專業等級的影片剪輯軟體，供不同需求的影片創作者使用，本篇介紹幾個筆者用過且推薦的軟體：iMovie、Movavi Video Editor、Adobe Premiere Pro 及 DaVinci Resolve，可依需求及參考優缺點進行選擇。其中 iMovie 容易入門，但僅限 Mac 電腦使用；Movavi 也是一款推薦的入門選擇；Adobe Premiere 則屬於專業軟體，功能多但學習成本也較高。

剪輯軟體比較表

專業等級	剪輯軟體	支援作業系統	特性
入門級	iMovie	● 僅限 MacOS	Mac 內建免費剪輯軟體，新手入門容易，介面支援繁體中文
中階級	Movavi Video Editor	● Windows ● MacOS	容易上手，重要的剪輯功能皆具備，支援繁體中文
專業級	Adobe Premiere Pro	● Windows ● MacOS	支援雲端協作、共用媒體庫等，也提供繁體中文介面；但學習難度較高

iMovie

iMovie 是由蘋果公司所開發的影片剪輯軟體，內建在蘋果的 Mac 系列產品中，免費提供使用。由於是蘋果自己推出的軟體，亦支援將影片存在 iCloud 上，隨時可跨電腦、手機及平板等不同裝置切換查看與編輯。

iMovie 提供高品質的影片剪輯，支援至 4K 影片，也提供多樣的文字、影片特效和濾鏡，以及影片特效模板。除了可以輸出不同的影片格式外，iMovie 也支援直接匯出到 YouTube、Instagram 等社群影音平台。

iMovie 屬於新手入門容易的剪輯軟體，但能執行的編輯特效效果較有限，若需要較高階的剪輯功能，可以考慮其他軟體。

Movavi Video Editor

Movavi Video Editor 是 Movavi 的眾多影音編輯工具產品之一，專門用來製作、編輯影片，操作介面簡潔且直覺，可快速進行影音裁剪加工、增添標題或旁白文字、加入音樂及音效、支援輸出超過十種檔案格式等作業，還可使用濾

鏡、動畫貼紙與轉場效果等多種特效，豐富影片畫面。

此外，Movavi Video Editor可快速完成AI降噪，消除車聲、風聲等雜音。此外，也可下載各類視覺效果，快速套用於影片中。

Movavi Video Editor的限制是不支援直接匯入字幕檔案，因此若講師得自行為影片合併字幕的話，則需另外購買Movavi Video Converter才能快速整合影片與字幕。

Adobe Premiere Pro

Adobe Premiere Pro是多媒體軟體公司Adobe旗下產品之一，主要用來剪輯影片，廣泛應用於影視、廣告、網路影片或短片製作等領域。

Premiere Pro可以匯入、編輯、裁減、調色和處理素材，也支援各種影片格式和解析度，包括HD、4K甚至8K等高解析度。若有上字幕需求的話，Premiere Pro整合了「Adobe Sensei」AI自動語音辨識功能，自動分析音頻數據並轉換為文字，自動整合上字幕。Premiere Pro可輸出不同的影片格式，也支援直接匯出到YouTube、Vimeo等社群影音平台。

Q63 自己剪輯或是委外剪輯？

一部十分鐘的教學影片，依複雜度與專業度，影片剪輯處理時間可能長達兩個小時以上。若課程上線時間允許，且課程講師不排斥長時間的剪輯作業，則可以考慮自行處理，擁有較高的主控權，更能夠了解影片剪輯重點。

適合委外剪輯的狀況

然而，何時更適合委外剪輯呢？對課程影片成果品質與專業度需求較高、課程價位較高者，或需要針對課程影片製作較多特效與後製，並有產出更高品質影片需求，就可考慮委外協助剪輯；此外，若由講師自行剪輯、後製與輸出，軟體會占用電腦大量資源，講師較難同時進行錄製作業，也很適合委外。

委外處理的缺點，第一項當然是會有衍生費用議題，一般影像工作室會依照影片處理的複雜度、時間長度與急迫程度進行報價。講師可參考各工作室的作品集，挑選符合期望風格或品質的工作室進行報價詢問，可以多方詢問，確認價格範圍和可以配合的檔期；此外，如果採取委外的模式，也很仰賴講師與剪輯人員的良好溝通，確保課程影片講述的品質。

TIPS

委外剪輯可以幫助講師節省大量影片剪輯時間！然而，除了可能讓製課成本大幅上升之外，委外剪輯師也可能因為不了解講師的講述重點，增添許多來回溝通討論時間。

Q64 有哪些課程影片剪輯要點？

以下分享筆者進行線上課程剪輯時，使用過的一些技巧心得整理：

每支影片加入風格相呼應的「開場」與「結尾」畫面

在剪輯線上教學影片時，建議增加每一部影片的「開場」與「結尾」片段，可讓學習者留下風格連貫的印象，其中「開場」的目的是引起學員興趣、

吸引他們繼續觀看影片,並展示影片的主題。選擇引人注目的開場畫面或動
畫,並考慮使用標題或片頭片尾動畫,可增加專業感並確立影片的調性風格。

▌風格一致的開場片段(圖片來源:筆者的Hahow課程影片開場)

　　而「結尾」則可給予給學員一個結束的暗示,可以運用片尾字幕、畫面素
材或特定的音樂效果來引導課程影片結尾,結尾與開場課程影片的風格調性盡
量一致,與開場形成呼應。

增添畫面元素與轉場，提升視覺豐富度

學生觀看課程時，如果視覺都是單純簡報模式，看久了可能會有疲乏感；可以適度在畫面上增加一些視覺素材，例如「Logo」、「插畫」、「跳出字卡」、「轉場效果」等等，讓影片更有獨特性，或是讓課程有適當的畫面斷點，提升學生的觀課體驗；而適量的轉場效果也能夠幫助學生在學習過程有流暢的觀看體驗。例如，可以運用淡入、淡出或快速切換等轉場效果，使場景之間的過渡更加平滑。

留意影片輸出格式、品質參數

影片輸出時，可留意輸出格式與輸出的品質參數；影片格式是指影片檔案的結構和編碼方式，它決定了影片的品質、解析度、編碼和壓縮方式。常見的影片檔案格式包含MP4、MOV、AVI和WMV等，依照想要上架的線上課程平台支援格式為主。

影片品質則會影響輸出影片的解析度及呈現給學習者的畫質，品質越高則越能夠展示更清晰、更精確的影像細節，例如畫面上的細小文字可以被清楚閱讀、不會有過高的顆粒感等，但也同時會影響到檔案的大小或是載入速度；許多平台建議畫質至少1080p，若影片解析度越高，對網路傳輸速度以及儲存空間的需求也更高，可斟酌選擇輸出影片的解析度。

透過音波檢查輔助修剪聲音

常見的聲音問題為「聲音過大」、「聲音過小」、「無聲」等等，這對於觀看影片的學員會有不小的影響，筆者通常是透過剪輯軟體介面上的「音軌」來輔助修正，也就是觀察影片中的聲音視覺化波形圖，進行聲音的強弱修正。

聲波示意圖與需要修飾的影片狀態

狀態：無聲音或停頓

狀態：音量過小

狀態：音量過大

　　透過檢視波形圖，我們可以快速辨識音量需要調整的範圍。當我們看到波形圖中某些部分的振幅特別高時，表示該段音量可能過大，需要進行音量調降。相反地，當波形圖中某些部分的振幅特別低時，表示該段音訊可能過小，需要增加音量。透過調整音量，確保整部影片中的聲音表現是平衡的，使學習者能夠得到一致的聽覺體驗。

　　此外，如果在影片中出現了異常的停頓，例如長時間的無聲，我們也可以在後製時移除該段範圍（甚至是重新錄製該片段），確保影片的流暢度和連貫性，避免學習者被不必要的停頓所干擾。

TIPS

進行音量調整和編輯時，建議可搭配耳機來聆聽影片的音訊，可聆聽到相對於喇叭更細緻的環境音或呼吸聲，有利於進行細部調整。

搭配合適的背景音樂

筆者在剪輯階段時，會適度搭配背景音樂，一般來說不用太大聲，有點像是「白噪音」的技巧，讀者可以仔細觀看 YouTuber 的影片，會發現絕大多數的影片都會搭配背景音樂，以修飾影片給人的調性；然而，線上課程核心理應是講師的聲音，所以建議剪入輕微的背景音樂即可，可自行聆聽或是找朋友聽聽看，找出與課程屬性最搭配的背景聲音組合。

此外，也建議在畫面轉場時，控制聲音的大小變化，例如開場時通常會用比較活潑的聲音來引導，而進入正式課程內容時，則漸弱至背景白噪音音量，但到段落或是課程單元切換時，重新把聲音調整為較活潑的音量，可讓學員感受到更明確的轉場感；然而不同人對於聲音的敏感度不同，搭配聲音時，建議找人聆聽作為測試，或是在課程影片 QA 時留意檢查。

6-4

影片字幕

　　強烈建議線上課程影片搭配字幕！且現在的AI工具發達，已經有很多快速生成字幕的服務了，不再像是過往主要依賴人工作業方式；以下介紹幾個好用的影片轉文字生成式AI工具，並且分享常見的字幕檔案格式與常見的字幕品質問題。

Q65 如何快速產出字幕？

　　以前影片字幕需要依賴人工製作，近期則出現許多影片轉文字（Video-to-text）AI工具輔助工具（可支援中英文），幫助快速產出字幕！上傳影片後，自動生成文字，減少仰賴耗時的人工逐字稿；然而AI生成的字幕，還是需要加入部分人工修正，目前的技術發展上，筆者的感受大概有95%的正確度，剩餘的5%則依然需要透過人工修正，但已經可大幅降低字幕製作成本。以下分享兩款筆者使用過的AI自動轉字幕軟體：

MacWhisper

　　MacWhisper使用語音辨識技術Whisper，Whisper是由提供ChatGPT對話AI服務的OpenAI所提供的自動語音辨識模型，使用者人數眾多且服務穩定。

不過作業系統限制，目前僅支援MacOS作業系統，筆者撰寫本書的時間點尚不支援Windows作業系統。MacWhisper支援聲音與影片檔案匯入，包含MP3、WAV、M4A、MP4、MOV等格式，且支援辨識超過一百種語言。

　　透過MacWhisper匯入檔案後，可選擇欲採用的語音辨識模型，包含免費的Tiny、Base與Small三種模型，轉換速度非常快、準確率相對較低一些，沒有使用量限制。付費的模型則有Medium和Large，轉換速度慢很多，但準確率則會大幅提升。語音辨識過程中，除了自動轉成文字以外，也會自動為每一句字幕加註精確的起迄時間。完成語音辨識後，可在MacWhisper介面中進行字幕內容的編輯與優化，亦可匯出後使用文字編輯軟體進行調整。匯出格式支援常見的TXT、CSV、SRT與VTT字幕格式。

Rask AI

　　Rask AI（https://www.rask.ai/）是另一個支援中文的影片檔案轉文字的AI工具，可用來進行自動語音辨識與翻譯；試用版僅提供一次免費試用，且限制檔案須為二十分鐘內的影音檔案，轉檔需求較大者得要付費才能使用。

　　除了語音辨識以外，Rask AI也提供影片文字翻譯功能，可翻譯成六十多種語言。Rask AI支援聲音與影片檔案匯入，包含MP4、MOV、WEBM、MP3等格式，也可直接貼上YouTube網址進行影音辨識。

Q66　有哪些常見的字幕格式？

　　課程常見的字幕檔案格式以SRT（SubRip file format）、VTT（WebVTT）為主。多數影片網頁皆可支援，可依照網頁上傳需求及編修習慣進行選擇。

　　VTT格式是一種專為網頁影片設計格式，是純文字文件，包含了字幕文本

和對應的時間碼，呈現字幕在影片中的時間範圍。SRT格式是另一種簡單且廣泛使用的字幕檔案格式，也是純文字文件，每個字幕文本都與對應的時間碼相關聯，以標示字幕在影片中的時間範圍。

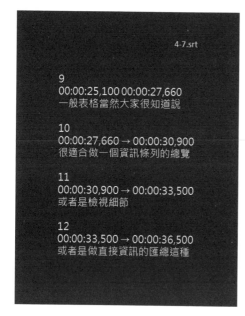

> 字幕格式示意圖（左：SRT格式；右：VTT格式）

　　VTT與SRT的格式有何差異？從圖中可以看到，VTT的格式是沒有編號的，由於透過AI工具自動轉換後，有時會出現單句過長的狀況，而VTT沒有編號的特性，比較好手動調整字幕出現的順序與時間，也因此筆者比較喜歡VTT格式字幕。但選用時還是要看平台支援的格式而定，SRT與VTT都是常見的主流字幕格式。

Q67 有哪些常見的字幕品質問題？

　　雖然前面的段落大力推廣AI轉字幕功能，不過AI語音辨識生成的字幕會有錯誤，包含：錯字、同音異字、缺字、中英文辨識錯誤以及字幕過長等要點。「專有名詞」以及「同音異字」是常見的AI字幕品質問題，例如「自行」與「字型」、「範例」與「反例」等等。

　　為了避免字幕品質問題，使用工具自動生成字幕後，建議輔助搭配人工拼寫檢查校對工作，確保選用正確的詞語，下表整理一些常見的錯字範例，當發現AI轉檔的特定常見錯字，可斟酌使用「全文取代」來更新字幕檔。

常見的字幕問題

常見字幕問題	範例
同音異字或錯字	「自行」和「字型」、「反例」和「範例」、「兼具」和「間距」、「在」和「再」
缺字	語助詞：「這個」、「一個」、「那麼」、「的」
中英文辨識錯誤	「Graph」和「grave」
專有名詞	「Google Sheet」和「Google Sheets」 「Powerpoint」和「PowerPoint」
文字過長	舉例：「我們會先進行資料替換並上線發布功能以及分享功能以及播放功能」；AI雖然辨識為一句話，但比較適合將該句話切為多句話

PART 7

課後經營

本書的最後一個章節，讓我們來聊聊線上課程上架後的經營任務，包括評估課程成效、作業設計，以及引導學生的延伸學習。首先討論如何評估學生完成課程的狀況，藉此大致了解學生的學習狀況；此外，作業的設計和回饋，也是能幫助學生驗證學習成果的方式，這兩個主題將於7-1與7-2段落說明。最後，也建議講師能規畫一些延伸學習的引導，幫助學生在課程結束後，持續精進在課程中所學的知識技能，此部分將於7-3分享。

本章節的課後經營項目

課後評估
● 常見的評估項目
● 提升完課率策略

作業設計
● 作業設計考量
● 提供回饋方式

延伸學習
● 引導延伸學習
● 建立討論社群

TIPƒ

如果是錄播課程，課程上架後可持續執行「Part 3」所提到的行銷推廣任務，或持續透過更多管道曝光課程資訊，像是於講師的演講或課程時進行宣傳，或是於自己的社群媒體上分享課程資訊，同樣也屬於課後經營的環節。

進行課後評估

Q68 有哪些課後評估的方式？

　　實體課程或線上直播課程，因為可以進行即時的互動，能直接透過課程互動、即時問答或隨堂測驗等方式來驗證學習成效，比較容易即時評估學習效果。然而對於錄播課程來說，由於無法直接了解學生的學習狀況或進度，所以通常需要一些替代方式來進行評估。

────────── 評估學習成效的常見方式 ──────────

評估成效
方式

課程互動
即時問答
隨堂測驗

實體／直播課程

評估成效
方式

完成閱覽
課程影片
作業設計

錄播課程

課程完成率

　　錄播課程的常見評估項目為「課程完成率（Completion rate）」或簡稱「完課率」，可以解釋為學生成功完成課程的比例，代表學生是否有完成課程影片的觀看，或是完成作業繳交的比例，這是反映課程品質的重要指標。雖然說學生上課學習最重要的是「實際獲得進步，進而達成最終目標」，但是這樣的實際成效往往很難評估，而完課率算是相對容易量化的指標，也多少反映出課程是否符合學生的需求和期待，以及學生整體的學習狀況。

　　關於課程完成率的量化方式，並沒有一個標準的定義，不同平台能提供的後台資訊也不盡相同。講師可以利用不同的項目來自行評估和綜合參考，例如了解學生在錄播課程中完成的單元數、觀看影片的時間長度，或是完成課堂測驗和作業次數等。以下列舉在錄播課程中，可作為講師參考的課後評估項目：

─────── 錄播課程常見的課程評估項目 ───────

指標	說明
完成課程的人數比例	實際完成課程學習要求的學生，占所有學生人數的比例，這反映出這堂課程的整體完課率。
學習單元的完成比例	學生完成影片觀看的單元數，占課程所有單元數的比例，這反映出個別學生的課程完成率。
學習時間的完成比例	學生完成影片觀看的時間數，占課程總時間長度的比例，這也反映出個別學生的完課狀況。
討論參與率	有參與課程討論的學生數，占所有學生人數的比例。
作業繳交率	有繳交課程作業的學生數，占所有學生人數的比例。
考試通過率	最終通過課程考試的學生，占所有學生人數的比例。

TIPS

当講師發現某項評估指標明顯偏低，例如某單元的完成比例或某項作業的繳交率過低，就需要進一步釐清原因。是否因為該單元不符合學習需求？或是作業的難度過高，說明不清，導致學生操作困難？如果問題可以即時改善，講師就可因應處理，可能需要修正錯誤或更新內容，以維護課程品質。

Q69 有哪些提升完課率的方法？

完課率偏低的現象

　　錄播課程普遍都存在完課率偏低的問題，根據知名線上學習平台 Coursera 在 2020 年發布的線上學習品質報告指出，若以修課學生中，完成課程學生的比例來定義完課率，Coursera 平台的付費課程平均完課率為 55.4%，而免費課程的完課率則多在 20% 以下，有些課程的完課率甚至不到 5% [2]。

　　較高的完課率可能反映出課程設計合理、難易程度適中、教學方法適切、能讓學生積極地參與課程；如果完課率過低，可能代表許多問題，也許是學生發現課程不能滿足需求、課程缺乏互動和支持，或是課程難度過高，例如 Coursera 的報告中即指出，隨著課程的難度越高，完課率也呈現遞減現象。

影響完課率的因素

　　前述的線上學習品質報告中也統計了 Coursera 平台上超過 2500 堂的課程資

2　https://about.coursera.org/press/wp-content/uploads/2020/10/Coursera_DriversOfQuality_Book_
　　MCR-1126-V4-lr.pdf

料，列舉出以下幾項會影響線上課程完課率的因素：

● **課程總長度**：在其他條件相同的情況下，四週長度的課程與六週課程相比，完課率增加8%。

● **單元的影片長度**：相較於長影片內容，十分鐘以內的長度可以幫助學生利用碎片時間學習，提升學習安排的彈性。

● **課程內容的呈現方式**：課程內容的呈現方式也會影響完課率：與文字內容相比，內容多以影片呈現的課程有較高的完課率，比起主動閱讀文字，影片可以讓學生較為省力地消化資訊。

● **課程開場內容**：課程開場的內容也和完課率有關，如果課程第一週的內容較為豐富，讓學生感到有所收穫，將促進學生對課程的積極參與程度，有助於提升完課率。

● **課程討論論壇**：學生若參與課程討論論壇，完成課程的機會增加25%。

TIPS ───────────────────────

另一種完課率偏低的原因來自「知識焦慮」，因感到知識不足以應對職場或生活需求，或擔心落後他人所產生的焦慮情緒。在購買課程當下，雖然可以減輕一些焦慮感，但是缺乏後續實質完成課程的動力，甚至在購課之後從未開啟過課程，也算是因為焦慮而導致的衝動購買行為。

───────────────────────────

提高完課率的策略

綜合以上因素，以下依據錄播課程在上架前後的階段，分享幾項提升完課

率的考量策略：

課程上架前：課程製作階段

● **控制課程總長度**：確保錄播課程的總長度適中，不會對學生造成過大的學習負擔。課程總長度依據課程主題而定，一般常見課程約在二到三小時，超過十小時的課程，會讓學生產生看不完的壓力。

● **控制單元影片長度**：各單元的影片長度盡量控制在能一口氣學習的範圍，方便讓學生按照自己的步調學習。一般理想長度通常在十到十五分鐘之間，超過二十分鐘長度可以拆分為不同影片，例如分為上下集。

● **設計開場學習體驗**：在學習體驗方面，則建議在課程開場就設計讓學生能立即感到課程的價值和具體收穫，並在課程早期設法建立學生的學習成就感，讓學生有感到進步的學習體驗。

● **優化影片畫面效果**：配合適當的剪輯、字卡、視覺效果等後製工作，可以提升影片的質量和吸引力，增加學生對課程的興趣和專注度。然而這部分也需要考量課程製作成本。

課程上架後：課後經營階段

● **促進學生參與社群**：講師可以建立課程討論社群，鼓勵學生積極參與，在社群中提供師生交流和解答問題的機會，也提供學生揪團共學的機會，如果能有夥伴一起討論，學生會更有學習的動力。另一種方式為建立共學社群（Cohort-Based Course），學生需要在固定時間內學習完錄播課程，並定期在線上同步討論，這種學習營隊的方式通常需要較多的人力投入，以團隊（講師和助教群）的方式來經營社群的運作。

● **舉辦直播講座活動**：在課程上架一段時間之後，講師可以針對這段時間內收到的回饋或常見的問題，透過舉辦直播講座的方式，一併回應問題並分享最新的資訊，也提供錄播課程的學生直接和講師交流的機會。

● **提供獎勵鼓勵完課**：雖然沒有強制性，但講師可以舉辦一些行銷活動，鼓勵學生完成課程，例如可以提供獎品或舉辦抽獎活動，而公告這些活動的同時，也具有一種與學生保持連結和提醒的作用，提升學生對這堂課的「存在感」，也是鼓勵學生重新啟動學習的契機。

TIPS ─────────────────────────────

作為講師，我們當然還是希望有更高的完課率。然而，也不一定要追求100%的完課率，因為很多人本來就不會把影片看完，會有像是「跳著看」、「跳過片尾」、「跳過片頭」等等行為；此外，也有一些人本來就是有收藏課程的嗜好，他們購買課程的原因，主要是當成字典來使用，倘若未來需要用到某個片段時，再開始上課，或是只挑著看他們所需要的單元等等，這樣的學生也同樣不會有高的完課率。另外，也建議觀察有多少比例的學生從頭到尾都沒有開啟課程，可以嘗試鼓勵或是透過一些小活動，重新點燃他們的對這堂課的學習動力。

7-2

設計課程作業

不是每堂線上課程都有出作業，但如果講師能加入適當的作業設計，對於提升學習成效絕對有幫助！作業除了能夠驗證學生的學習成效之外，也有鼓勵學習的效果。以下分享線上課程有設計作業的好處、設計考量和回饋方式。

Q70 設計作業有哪些優點？

參與線上課程的學生，通常具有明確的學習需求，希望透過課程提升自己的知識和技能，渴望在上課後達到改變，也有較高的學習動機。因此，很多參與線上課程的學員，是期待課程規畫作業的！以下列舉出作業的優點：

● **優點1、幫助講師驗證學習成效**：作業設計可以幫助學生作為能力驗證，測試上課之後能力的改變。例如技能屬性的課程，作業練習或產出作品集最容易讓學生直接體會到「上課前」和「上課後」的差異，透過課程的作業設計，驗證是否有實際學習到技能。

● **優點2、幫助學生提升注意力和參與感**：在課程單元之間安排作業，也可以讓學生階段性抓回注意力。這樣的設計能夠幫助學生找到學習的盲點，透過實際練習，培養學生的應用能力、增加學習的成就感，也

255

能夠提升學生對於接下來的課程單元的參與感。

● **優點3、幫助講師評估課程內容**：除此之外，講師也可以藉由學生進行作業的狀況，評估課程內容的適切性、能否幫助學生達到課程目標。如果學生普遍無法完成作業，或容易出現錯誤，講師也能藉此評估在課程中是否要加強傳遞學習重點和釐清觀念。

● **優點4、提供互相交流的管道**：在錄播線上課程中，學生無法直接和講師及其他學員進行交流，然而透過作業練習和分享機制的設計，學生可以獲得講師或其他學員對於作業的回饋或建議，比較容易有和講師互動的感覺，也能和其他學員有交流的機會。

彭其捷 · 2023.07.24 ♡ 0

同學好！成果很豐富耶！小建議是可以讓儀表板的區域感覺提高，並增加一些標題文字，讓看圖的人可以更清楚每張圖的定義

↩ 回覆

講師透過作業與學生對話（圖片來源：Hahow）

● **優點5、建立課程形象和口碑**：潛在學生看到上課學生實際完成的作業成果或作品集時，可以預期自己在參與課程後能具體得到的收穫。另一方面，如果潛在學生在課程網頁看到講師對於上課學生的作業給予回饋建議，也會感受到講師對於課程經營的認真和用心，進而提升上課意願，因此作業設計也有助於建立課程的口碑和形象。

Q71 規畫作業時有哪些設計考量？

雖然作業設計對線上學習具有許多好處，但比起現場教學引導，線上課程大多依賴學生自動自發完成作業，也會遇到許多挑戰，例如缺乏動機、需要花費額外時間完成、回饋不足等等。

而從學生的角度來看，寫作業勢必需要投入許多時間，但有些學生根本不想寫作業。筆者曾經有設計了過難的作業，導致學員提交率較低的慘痛經驗。因此，講師不只是派出作業就好，也常需要引導學生完成作業。

好的作業設計並不容易，筆者彙整了線上課程作業設計的設計考量，整理如下表供讀者參考；然而課程屬性可能有差異，可依照實際狀態動態調整，並非每項條件都一定要滿足：

────── 線上課程作業的設計考量 ──────

設計考量	檢核方式
明確的學習目標	✓ 作業是否具有明確的學習目的？ ✓ 學生能否了解完成作業後能帶來什麼好處、能實際學到什麼知識或練習哪些技能？
清楚的作業規則	✓ 是否有明確地說明作業規則，讓學生知道該如何著手進行作業？ ✓ 學生是否清楚最終要交付的成果和繳交方式？
作業的學習效益	✓ 作業能否有助於馬上複習課程內容，深化學習記憶，促進變成深層記憶？ ✓ 作業是否能讓學生有機會應用剛學到的內容，實際練習來驗證成效？ ✓ 作業是否能幫助學生找到學習誤區或突破學習盲點，進而達成課程目標？

循序漸進的難度	✓ 作業設計是否具有明確的難度層級和邏輯性？讓學生從基礎練習，逐步進階到更難的部分，讓學生體會到學習成長和進步成果。 ✓ 作業難度是否在合理範圍？讓學生在上課前做不出來的作業，上完課就知道如何完成了，不會過於簡單（沒上課也會作）或困難（課程沒教到的內容）。
合理的時間規畫	✓ 是否能在合理的時間內完成？ ✓ 是否讓學生有預期投入時間的心理準備？
提供互動和反饋	✓ 作業是否可以進行同儕討論（Peer Review），有同學或學習夥伴一起討論的機會？ ✓ 能否獲得老師的回饋和建議，讓學生知道如何進步？
考量應用性和實務性	✓ 作業完成後能否成為作品集，有利於應徵工作和職涯發展？ ✓ 作業能否應用於實際情境，例如語言學習可以應用到旅行？ ✓ 作業能否應用到實際情境中，與個人經驗相關（例如進修特定領域知識）？
吸引力和分享性	✓ 作業成果是否亮眼，讓學生想公開在朋友間或社群軟體分享（例如攝影作品）？

清楚說明作業繳交規範

　　講師在呈現作業內容時，除了敘述作業目標外，也建議說明作業規範、注意事項、繳交範例等，也可以預先提醒學生在進行作業時可能會遇到的問題與提示。分享筆者設計的「資料變決策！商業圖表製作與視覺化分析的技術」課程作業範例（如下圖），列出需要填寫作品的標題、上傳作品的封面，並附上作品的連結，描述改造圖表的細節。

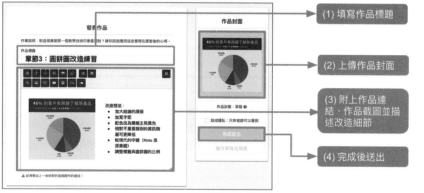

作業範例：筆者於 Hahow 平台「資料變決策！商業圖表製作與視覺化分析的技術」課程作業畫面

鼓勵學生完成課程作業

　　講師可以透過「回饋建議」或「獎勵機制」的設計，鼓勵學生完成課程作業。在「回饋建議」方面，講師可以說明給予作業回饋的方式，如果講師可以提供較為詳細的回饋，包括講評和提供優化的方向，不僅可以提升學生完成作業的動力，也能實際幫助學生進步。在「獎勵機制」方面，講師可以提供一些誘因，例如完成作業後可以獲得講師整理的實作攻略或額外的學習資源，或是能夠免費參與課程講師舉辦的付費活動，或是取得線下實體課程的折扣碼，甚至提供個別的諮詢服務等，鼓勵學生完成指定的練習和作業。

Q72 有哪些常見的作業繳交形式？

　　線上課程作業有各種形式，例如透過圖片繳交作品，或是純粹像是課堂作

259

業一樣，提供單選題來輔助學生檢核自我的學習成果等等。以下整理了常見的線上課程作業形式，包括多種作業形式說明、操作方式、案例等，提供讀者出作業時參考。

常見的課程作業繳交形式

形式	作業形式說明	課程屬性舉例
程式碼	提交程式碼到GitHub，或是提供Google Colab連結。	R語言、Python、JAVA等程式語言課
文件檔	上傳word檔案，或是提交Google Doc連結等。	行銷企畫類型課程
簡報檔	上傳簡報檔案（最常見的為pptx格式），或是提供Google Slide連結等。	簡報設計課、資料分析課程的成果簡報
圖片檔	先完成製作，上傳圖片檔案或將連結分享到線上課程平台討論區。	平面設計、電繪、繪畫、手工藝、攝影、資料視覺化作品
聲音檔	透過軟體或是APP（例如Line）錄製成檔案上傳，或是放置到聲音檔案的雲端服務平台（例如soundcloud）。	歌唱、口語表達、Podcast錄音
影片檔	直接上傳到平台，或是上傳到YouTube提供連結繳交。	舞蹈／樂器練習錄影、語言學習成果影片
開放式問答	於線上課程平台討論區，以文字形式撰寫討論議題或是論述。	適用於各類型課程，常見於人文社會類型課程
選擇題問答	有些平台的功能模組，可提供講師在課程網站上出作業並設定答案，讓學員自主提交或自己對答案（也可以用Google Form操作，有類似的功能）。	適用於各類型課程，可分成單選題或複選題

Q73 有哪些作業批改和回饋方式？

提交作業後，學生大多會期待講師的回饋，講師若能每一份作業都批改，學生也會感念老師的認真投入。然而，對於修課人數眾多的課程，可能要考慮可替代人工批改的回饋方式，以下分享兩種常見的大量作業批改和回饋技巧：

透過軟體自動批改

透過軟體工具和平台，可以自動批改學生的作業，預先設定標準答案或評分標準，自動將結果即時回饋給學生。舉例來說，Google Form就提供了可以設計標準答案的自動批改功能，學員送出表單之後，就能知道哪些問題回答是正確或錯誤的，並可利用「解釋」功能來查閱講師提供的相關說明。

直接給予參考答案讓學生自我練習

另一個處理作業的方式是提供參考答案給學生，讓學生們自行練習並和答案進行比對。例如學習Excel函數的課程中，可以在一個Excel檔案的不同工作表中分別放入作業題目和參考答案，同學在完成練習後，能夠直接比對參考答案，進而熟悉實際應用的細節和技巧。

7-3

引導延伸學習

　　來到本書的最後一個段落，想分享關於課程結束後的「延伸學習」引導。講師可能都曾遇過認真的學生，在上完課後還會積極地追問老師：「我可以怎樣再進步呢？」這樣積極的學生在線上課程也是存在的，作為線上課程的講師，我們也會自問，該如何引導學生在課程結束後取得進階的學習資源？

Q74 有哪些引導課後延伸學習的模式？

　　線上課程的內容通常受限於時長，不一定能夠涵蓋講師想要傳達給學生的所有內容，而是優先將焦點放在最核心的內容上，幫助學生達成學習目標。然而，課程的結束不代表學習的終點，在課後階段，講師仍然對學生具有一定的影響力，可以引導他們探索更多面向的學習，例如講師可以透過提供額外的學習資源，建議進一步的學習方向，以幫助學生培養更進階的技能。線上課程中常見的延伸學習引導模式，整理如下表：

──────── **線上課程的延伸引導學習模式** ────────

學習模式	描述
持續發布課程相關資訊	● 定期公告課程的最新訊息，或補充更多與課程相關主題的最新資訊 ● 以軟體課程為例，因軟體版本會不斷更新，講師可以持續分享更新的功能，讓學生跟上最新的應用
建立課程討論社群	● 引導學生加入課程討論群組，或其他推薦的知識群組 ● 在群組中，講師可以回應學生在學習上的問題
辦理實體聚會或工作坊	● 舉辦交流聚會或特定主題的工作坊 ● 將線上學習轉換為線下實體互動
鼓勵加入相關知識社群	● 引導學生加入專業社群或課程講師進階課程 ● 在線上課程公告版提供領域界最新活動資訊
鼓勵學員參與交流與競賽	● 鼓勵學生參加相關研討會、工作坊、業界社群交流活動或競賽

Q75 有哪些建立討論社群的方式？

　　前段有提到，建立討論社群是一種好用的課程延伸學習模式，讓學生透過社群平台互相交流，但講師也會需要投入更多時間來經營社群的互動與交流。以下介紹三種常見的社群討論模式。

第一種、使用平台的討論區功能

　　許多線上課程平台有提供討論區功能，讓學生發表留言、提出問題，分享學習經驗或作品集交流，擴展視野和深化學習。

　　講師可以鼓勵學生定期回顧和反思所學內容，並提供多種學習資源，包括

推薦閱讀清單、根據領域新知更新課程內容、提供練習題，使學生能夠繼續增進知識與技能。

第二種、利用主流社群媒體平台

　　除了線上課程平台提供的討論區之外，也可以使用相關社群媒體平台來建立課程的學習社群，除了讓學生獲得即時訊息外，學生之間也能更方便地交流。

- Facebook：具有廣大的使用者基礎，支援多種媒體格式。然而，在Facebook的動態時報上，資訊容易被淹沒，也難以分類討論主題。另外有些學員不希望暴露過多私人的資訊，因此使用上存在較多隱私考量。

- Line群組：多數人都有使用Line通訊軟體及加入群組的經驗，符合使用習慣，在群組中也能方便地以訊息或貼圖方式交流。然而討論串的資訊很容易遇到資訊洗版的問題，新成員也較難理解過去的討論脈絡，且無法有效地分類討論主題，但可以用記事本功能來記錄重要內容。

- Discord：主要特色為社群平台，適合用來建立學習社群。優點包括可以建立頻道來區分討論主題，讓資訊更有組織性。Discord還支援建立討論串或論壇功能，方便討論的進行，也能方便地建立各種活動。然而，Discord的介面功能較為新穎，新接觸者需要一些時間熟悉使用方式。另外，如果設定不同會員等級的權限範圍，則需要管理員或版主來進行配置，會有額外的管理工作。

第三種、講師經營的專業社群

除了上述的方法之外，講師也可以引導學生加入自己經營的專業社群，持續與學生保持互動。講師的個人社群頁面不只包含線上課程的內容範圍，還能分享課程以外的專業資訊和領域趨勢，這些資訊都有助於擴展學生的視野和知識，也能強化講師與學生的連結。

以筆者經營的「資料視覺化／商業分析研究社」Facebook社團（https://www.facebook.com/groups/tw.dataviz）為例，這個社群提供講師持續分享相關知識的管道，讓更多對此一主題有興趣的人加入討論，相互分享最新的資料視覺化技術資訊。當社群的規模不斷擴大，例如社群人數達到一萬人時，陸續也開始有許多相關組織前來分享知識與商業訊息，以及提供求職資訊等，這些內容都進一步延伸拓展了學生們的知識範圍，甚至幫助他們發掘新的職涯發展機會。

TIPS

使用社群時，要留意所需要分配的注意力資源。舉Line群組為例，雖然其傳播資訊有高精準度的特性，且不需要額外下廣告預算。然而，當成員更多後，可能會頻繁提問或是討論，甚至可能討論一些具有爭議性的話題，作為版主的你，也多少會需要付出一些注意力成本。

筆者後來決定開設Facebook社團，因為本來就會有網友自主分享資訊，屬於有機類型的社群，社群會自動更新內容，不過社團的限制是不能下廣告，但依然擁有讓大家討論知識的優點，且觸及率通常比粉絲專頁來得好一些，提供讀者參考。

結語

「千里之行，始於足下。」

寫作結語的當下，全世界正熱烈討論ChatGPT與AI對未來帶來的改變，也因此嘗試請AI為「線上課程」提出一百個成語，並從中挑選了「千里之行，始於足下」作為結語的起始句。這句話的意涵為「任何事情的成功，都是由小而大逐漸累積而成的」，覺得線上課程的相關知識也確實是如此啊！從講師品牌、課程標題、麥克風選擇、課程結構設計等等，每一個看似微小的環節，都實實在在地影響了線上學習的體驗。

線上課程確實為世界帶來了巨大改變。越來越多優質課程，透過線上的方式開立，即使住在臺灣，也有機會參與全球頂尖的線上課程，地理距離不再是個限制，在家裡就可以參與一流講師傳授的知識內容。這是一個讓真正有實力的人發光發熱的時代，只要你能夠提供優秀的教學內容，地球彼端的人就能透過網路，成為你的學生。然而，筆者看過太多可惜的案例，優秀的講師，搭配優質的教學教材，卻因為缺少線上教學的技巧，而無法提供良好的線上課程體驗，著實是很可惜的事情。

製作一堂成功的線上課程有許多細節，本書嘗試拆解出各步驟的指引跟說明，包括課程啟動、企畫、行銷、內容製作、互動設計、內容錄製和課後經營等，彙整筆者多年來的教學和製課經驗，其中有成功心得的整理，也包含了失敗經驗的自省。必須承認，撰寫此書的過程比預期的更有挑戰，線上教學產業仍在不斷質變當中，每年都有新的變化，我們嘗試將這些經驗系統化，也期待

能激勵你著手開始啟動課程的製作。

萬事起頭難，即使讀者尚未有信心向平台提出課程企畫，也可以嘗試一些免費的教學內容來探索市場反應，練習、測試自己關於知識彙整的能力。一旦課程企畫啟動，將陸續收到來自各方的反饋，可能來自於同領域的專家，或是未來的潛在學生，這些建議都是讓課程更完善的養分，幫助教學內容持續迭代優化。

實力堅強的講師，如果因為不熟悉線上課程製作技巧，錯過藉由線上教學分享知識，或是知識變現的機會，真的太可惜了！希望本書能幫助講師更清楚地掌握製作過程中的各個步驟和策略，少走一些不必要的彎路，推出更理想的課程。

再次謝謝你閱讀《線上教學 × 課程製作全攻略》，期待你在線上教學的旅程中，收穫滿滿！

彭其捷、郭俊東　謹識

2024年1月

致謝

　　本書的撰寫過程中，我們收到了來自各方的許多幫助與支持，在此希望能一一感謝。

　　首先，想感謝幸蓉在資料彙整和文字編輯上的大力協助，讓本書的內容、素材、論點更加豐富和完整。感謝阿古、酥斯聞、孟真、一撇的協助試閱與校稿，感謝你們給予許多試閱階段的寶貴建議，讓這本書的內容更加完善。

　　也特別感謝撰寫推薦序的夥伴們：Arnold、立文、Bernard、喊涵、小美，知道你們每個人都極度忙碌，卻依然願意幫助我們閱讀此書和給予推薦，你們對於線上課程擁有的豐富實務經驗，持續啟發著我們，許多也成為了書中的養分。

　　感謝商周出版的編輯如玉與俊甫。在撰寫的過程中，你們專業、耐心的協助與支持，是這本書能順利出版的關鍵。尤其提供了我們許多企畫、排版等面向的建議與幫助，讓這本書的閱讀體驗得到了很大的提升，非常感激。

　　最後，感謝每一位翻開本書的朋友，謝謝你們的好奇心，讓這本書得以順利出版，願我們持續互相啟發。

附錄：線上課程平台

本附錄整理臺灣以及國際重要線上課程平台（主要為錄播型平台），供讀者參考；依平台屬性，共分成四大類，分別為「國際線上課程平台」、「臺灣線上課程平台」、「開放式課程（OCW）」及「自助開課平台」；其中自助開課平台允許老師自行透過雲端環境，完成整個課程架設，而其他類別則大多按照該平台的操作指引或團隊協助、審核，完成課程上架。

國際線上課程平台

本類別主要彙整全球知名的線上課程平台，此平台不限制於特定國家操作，而是以全球的學員導向為主（因此通常是以英文呈現），讓全球的學員在進行線上學習時，不受地理位置或時間限制。此類平台上的課程，有更大的機會吸引數萬甚至更多的學員參加，部分課程還會額外提供證書、學分甚至是學位，讓學員們完成課程後獲得官方國際認證，證明其學習成果。

國際線上課程平台整理一覽表

平台名稱	網址
Coursera	https://www.coursera.org/
edX	https://www.edx.org/
Udemy	https://www.udemy.com/

Khan Academy 可汗學院	https://www.khanacademy.org/
LinkedIn Learning	https://tw.linkedin.com/learning/
Udacity	https://www.udacity.com/
SkillShare	https://www.skillshare.com/
Lingoda	https://www.lingoda.com/en/
Domestika	https://www.domestika.org/
FutureLearn	https://www.futurelearn.com/

Coursera

網址：https://www.coursera.org/

Coursera使用人數眾多[3]，創立於2012年，是由史丹佛大學的兩位計算機科學教授所創辦的知名線上學習平台，提供高品質的教育資源，涵蓋廣泛的學科領域，包括科學、技術、工程、數學、社會科學、藝術和人文等。學生可以在這個平台上找到許多大學和企業提供的課程，並在自己的時區和地點進行線上學習，舉例來說，平台上有Google、IBM等公司合作開設的課程。

Coursera的核心優點與特色，是與許多知名學術單位合作，例如：史丹佛大學、密西根大學等等，可透過支付相對低的學費，獲得該學校的學位證書。提供了多樣化的課程選擇，由來自世界各地的專家負責教學；此外，平台也提供了線上討論區和社群互動，使學生能夠與其他人交流和合作。

Coursera課程大多是免費的，有些課程會提供官方認可的課程結業證書，作為求職的能力輔助。然而，Coursera的課程時數相對較長，學生需要具備一

3　https://www.skillademia.com/statistics/coursera-statistics/
https://learnopoly.com/udemy-vs-coursera/

定的自律性和時間管理能力方能完成課程。

● edX

網址：https://www.edx.org/

edX是哈佛大學和麻省理工學院於2012年創立的非營利機構，與超過250間教育機構與企業合作，例如：IBM、Google、Oracle、Microsoft、Harvard University、MIT；學習領域多元，特別著重科學、工程、藝術、人文、商業等等類別，部分課程可透過完成規定，取得該課程證書和學位。

● Udemy

網址：https://www.udemy.com/

Udemy是另一個全球知名的線上學習平台，創立於2010年，是使用者與課程數量相當多的線上學習網站之一，於2020年時已經累積超過十萬堂課程[4]。它是一個開放式線上教學平台，允許課程講師和專業人士在平台上自主建立和銷售課程。Udemy的課程範疇也十分廣泛，涵蓋科學、技術、商業、藝術、語言等各個領域。

Udemy的課程講師來自世界各地，並提供不同語言的字幕和翻譯。此外，Udemy常常舉辦折扣活動，讓使用者能夠以免費或是相對低價（不到臺幣五百元）的價格購入課程。然而，Udemy課程數量雖多，但品質和內容較不穩定，學生需按照自己的需求或參考評語，挑選適合自己的課程。

● Khan Academy 可汗學院

網址：https://www.khanacademy.org/

Khan Academy偏向非營利數位學習機構，創辦人薩爾曼‧可汗擁有麻省

4　https://www.prosperityforamerica.org/elearning-statistics/
　　https://learnopoly.com/udemy-vs-coursera/

理工學院的數學學士與電機碩士學位，以及可汗學院的工商管理碩士（MBA）學位，不同於其他線上課程平台，Khan Academy的特色是主打課程皆為「免費」，提供各種學科從小學到大學的課程主題，包含數學、歷史、醫學、金融、物理、化學、生物學、天文學、經濟學、有機化學、美術史、經濟學及電腦科學等多個領域。Khan Academy同時也有經營YouTube，提供超過八千部免費學習影片。

● LinkedIn Learning

　　網址：https://tw.linkedin.com/learning/

　　LinkedIn Learning是商務社群網路平台LinkedIn旗下的知識學習平台，學員在平台完成課程後可以獲得證書，且這些證書可以在LinkedIn的個人履歷上展示。課程內容以職業導向為主，可以針對特定職稱關鍵字的相關技能進行深入學習，也有提供繁體中文版網頁。

● Udacity

　　網址：https://www.udacity.com/

　　Udacity由前Google無人車團隊工程師所創辦，旨在提供高品質的科技領域線上技術課程，特別是「人工智慧」、「機器學習」、「自駕車」等領域。Udacity也與各大知名企業合作，提供實務的職業培訓和實習機會。

　　Udacity的課程講師不乏來自業界的頂尖專家，提供與業界接軌的技術課程，學生於課程中可進行有挑戰性的實務專案；此外，平台提供個人的學習計畫和領域認證，學生可根據自己的需求和目標進行學習和專業發展。Udacity的另一個特色是提供「奈米學位（Nanodegree）」課程，課程內容更為深入，且受到業界認可。

● SkillShare

網址：https://www.skillshare.com/

SkillShare 採「訂閱制」收費，有提供免費試用期，課程類別主要偏向創作或藝術類型，例如音樂、動畫、設計與攝影等。訂閱期間內，可以無限次觀看所有課程，也可以在手機 APP 下載課程影片後隨時隨地上課。除了付費訂閱觀看課程以外，也有提供部分免費課程以及試閱的課程內容。

● Lingoda

網址：https://www.lingoda.com/en/

Lingoda 是一個提供「語言學習」課程的平台，語言課程包括英語、西班牙語、法語、德語和荷蘭語等，並涵蓋聽、說、讀、寫等語言全領域教學。Lingoda 的課程由許多經驗豐富的語言教師授課，通常透過視訊會議與學生進行互動，學生可以依自己的能力選擇適合的課程，在完成一定數量的課程後，平台也會提供語言能力證書。

● Domestika

網址：https://www.domestika.org/

Domestika 最早由一群專業人士分享自己的創作，並幫助想要學習的人作為起跑點，後續發展為課程平台，主要提供有關「創意」和「設計」領域的線上學習平台，高品質的學習課程，吸引了來自世界各地的創意專業人士和學生參與其中。該平台主要提供設計、攝影、插畫、動畫、手工藝、音樂、視覺藝術等創意領域課程，且許多課程相對平價，大約在臺幣 200-500 之間。

● FutureLearn

網址：https://www.futurelearn.com/

FutureLearn 於 2012 年由英國公開大學 The Open University （OU）設立，英國公開大學是發展最成熟的遠端大學之一，學生以英國人為主，但也能夠讓世界各地的學生參與。在 FutureLearn 完成課程學習後，可以付費申請修課證書，或參加考試以取得結業證書。

臺灣線上課程平台

除了國際平台之外，各國也大多有發展出適合當地的課程平台，通常會使用更貼近文化的用語，課程也大多由本地講師開設，相對於國際講師來說，可能會有更多的在地經驗與案例，本段落將介紹臺灣知名的線上課程平台。

臺灣線上課程平台

平台名稱	網址
Hahow 好學校	https://hahow.in/
SAT.Knowledge 知識衛星	https://sat.cool/home
PressPlay Academy	https://www.pressplay.cc/
均一教育平台	https://www.junyiacademy.org/
YOTTA 友讀	https://www.yottau.com.tw/home
TibaMe	https://www.tibame.com/
天下學習	https://www.cwlearning.com.tw/
新商業學校	https://biz-online.bnextmedia.com.tw/
ALPHA Camp	https://tw.alphacamp.co/

● Hahow

網址：https://hahow.in/

Hahow名字來自臺語的「學校」發音，平台提供的課程涵蓋創意、藝術、手作、攝影、音樂、科技等多個領域，並由各領域的專家、創作者和藝術家提供教學，以彈性的學習方式，讓學生可以根據自己的時間和興趣，自由地選擇課程，對於想學習創意和專業技能的學生來說，相當具有吸引力，而平台流量的表現也很不錯。

Hahow平台上的專家和教師大多來自專業領域，擁有豐富的經驗和技能；課程講師在開課之前可以先進行募資以籌措資金，老師也有專屬的分享連結，有較高的分潤比例。平台也提供Hahow完課證明。Hahow為目前臺灣線上學習使用人數眾多的平台之一，以中文為主要語言。

● SAT.Knowledge 知識衛星

網址：https://sat.cool/home

SAT.Knowledge知識衛星主打募資型線上精品級課程，名稱象徵著將知識傳遞到各個角落。SAT.Knowledge提供的課程包括溝通、語言、財務、商業等類型，數量相對於Hahow較少，但擁有多堂極高銷量的課程作品，也是以中文為主要語言。

知識衛星的特色在於推出的課程講師與課程，主打屬於「該領域的知名專家」，並開設較高單價的課程，許多堂課程雖然價格高昂，但擁有不錯的銷售量，出現多堂銷售額驚人，破千萬甚至破億元的線上課程。

● PressPlay Academy

網址：https://www.pressplay.cc/

PressPlay Academy同樣提供多樣化的線上課程，涵蓋科學、技術、商業、

藝術、健康等各個領域，特色是提供了「訂閱制」專欄，學員可以訂閱特定的講師，並收到後續的推播課程資訊。

課程講師可於PressPlay Academy平台主動申請開課（成為創作者），平台審核通過成為創作者後，可上架教學影片、文章、Podcast、發訊息、作業、提供完課證書等。

● 均一教育平台

網址：https://www.junyiacademy.org/

均一教育平台是由非營利組織「均一平台教育基金會」所創立的免費平台，目的是幫助國小到高中的學生建立個人化的數位學習資源，特別是可能比較跟不上進度的學生，只要有網路，即可透過軟體平台提供的影片與講義自學，或運用平台上的練習題進行自我複習與檢驗。

均一教育平台也跟全臺多個縣市合作，成為許多教育現場老師的數位教學資源，以及偏遠學校師生的學習支持，將數位融入教師教學的智慧助教，讓學習變成有趣的過程，也讓教師可以透過平台服務追蹤學生的學習或答題成效。

● YOTTA友讀

網址：https://www.yottau.com.tw/home

YOTTA以提供職業培訓和技能提升課程為目標，平台將課程分為幾個核心類型，分別為：生活、設計、商業、科技、語言，由業界專業人士和知名導師提供教學。優點與特色方面，YOTTA強調與業界實務的緊密聯繫，具實用性和實際價值。平台提供豐富的學習資源，包括影片教學、線上測驗、實作專案等。

● TibaMe

網址：https://www.tibame.com/

TibaMe由緯創資通股份有限公司（Wistron）創立，英文名字取自「提拔我」的諧音。TibaMe旨在強化學生的職場實務技能，提供廣泛的課程，涵蓋科技、職場、語文等多個領域，由各領域的專家和業界專業人士傳授課程。TibaMe平台也提供問題討論區，讓課程講師與學生能夠進行交流。

● 天下學習

網址：https://www.cwlearning.com.tw/

天下學習是天下雜誌出版集團旗下的教育平台，2021年，天下集團大規模整合旗下的天下雜誌創新學院、Cheers、康健、親子天下等品牌學習資源，成立了「天下學習」。天下學習課程主要偏向是管理、溝通、行銷、職場、創業與管理等內容，課程導向主要在於廣度和深度，例如觀念的建立與思維格局的擴展等，而非僅針對技能進行教學。

● 新商業學校

網址：https://biz-online.bnextmedia.com.tw/

「新商業學校」是臺灣知名的數位媒體「BNEXT MEDIA」集團的課程單位，提供側重於商業導向的課程內容，像是：溝通談判、商務銷售、經營管理、ESG、數據議題等等；該集團旗下的《經理人月刊》在臺灣擁有高知名度，在商業與管理領域皆有不錯的聲量表現，目前也加入線上課程產業，提供相關的商業線上課程。

● ALPHA Camp

網址：https://tw.alphacamp.co/

主要著重於 IT 主題的線上教學課程，像是軟體工程師養成、資料分析能力養成、網頁開發人員養成等主題。相對於其他平台，更著重於教練（Coach）與學習社群（Community）式的學習體驗，並提供學習成就證書。

開放式課程（OCW）

開放式課程（OpenCourseWare，簡稱OCW），通常是由大學和教育機構提供的課程，以提升學校學習資源的開放性，或是以讓學生可自主學習為主要目標。有別於一般的課程平台，此類型課程大多是由學校開始，因此擁有許多原本大專院校的學習資源與素材，學員可透過網路，經由世界一流大學的課程進行學習，本段落介紹幾個OCW領域中的知名課程平台。

──── 開放式課程列表 ────

平台名稱	網址
MIT OpenCourseWare	https://ocw.mit.edu/
Harvard Online Learning	https://pll.harvard.edu/
Stanford Online	https://online.stanford.edu/
臺大開放式課程	http://ocw.aca.ntu.edu.tw/ntu-ocw/
國立陽明交通大學開放式課程	https://ocw.nycu.edu.tw/
清大開放式課程	https://ocw.nthu.edu.tw/ocw/

● MIT OpenCourseWare

網址：https://ocw.mit.edu/

由麻省理工學院於2001年建立，是全世界最早的開放式課程網站之一，MIT OpenCourseWare的目標是分享知識，讓人們自主學習，而不提供結構化的線上課程。MIT OpenCourseWare提供免費的大學課程材料和資源，包括講義、延伸閱讀素材、作業、測驗等。

● Harvard Online Learning

網址：https://pll.harvard.edu/

Harvard Online Learning由美國哈佛大學提供免費的學習資源，除了課程影片以外，還提供了包含講座錄音、講義、延伸閱讀和其他學習資源。

● Stanford Online

網址：https://online.stanford.edu/

Stanford Online的課程由史丹佛大學的教師提供，包含免付費課程，亦可完成課程後付費換取學分與證書。

● 臺大開放式課程

網址：http://ocw.aca.ntu.edu.tw/ntu-ocw/

2010年網站上線，課程內容為臺大教授實際上課的課程錄影影片，並提供線上講義開放下載，與學校的教學體系整合，提供眾多的課程種類。

● 國立陽明交通大學開放式課程

網址：https://ocw.nycu.edu.tw/

2008年開始建置，「國立陽明交通大學開放式課程」每年開放分享多門校內優質的學習資源，包含各院系基礎、專業課程、共同必修課程及通識教育課

程，此外也提供許多演講影片，提供自學者更多元豐富的學習管道。

● 清大開放式課程

網址：https://ocw.nthu.edu.tw/ocw/

課程規畫目前分為「工程」、「自然科學」及「人文社會」三個學群，包含基礎學科與專業科目，並積極選取榮獲傑出教學獎的師資，推出具清華特色典範之課程。目前清大開放式課程提供約兩百門課程。除了隨堂錄製的課程影片，還提供教授與學生的隨堂筆記、各校考古題、學術著作等學習資源。

自助開課平台

本類別平台的特色，給予創作者更大的彈性，可完全依賴自己達成上架任務（平台通常不會有審核的流程），並提供後續的行銷與販售等搭配功能，此外，分潤抽成（或月費）相較於其他線上課程平台要來得低。本段落介紹兩款知名的自助開課平台：Teachable 及 Teachify 開課快手。

● Teachable

網址：https://teachable.com/

Teachable 由 Ankur Nagpal 於美國創立，目的是讓全世界不同領域的創作者，都可以將他們的知識與經驗轉化為線上課程後，傳遞給更多有需要的學員；此外，也讓不同領域的教練可以在平台上進行一對一或小團體的諮詢服務，並從中獲利。

Teachable 平台上有超過兩萬個商店及一千八百萬名來自世界各地的學生[5]，可依照講師鎖定的受眾族群選定語言，其中不乏臺灣的創作者所開立的

5　商店數量：https://storeleads.app/reports/teachable
　學生數量：https://www.similarweb.com/website/teachable.com/#overview

課程。

除了可以在平台上註冊成為創作者，並上架課程以外，Teachable也提供了自訂網頁介面、網址使用的網域，也可以在上架多門課程後彈性設定組合售價。此外更提供完整的報表，可以查看註冊情形、學習進度、影片播放熱區、測驗成績等功能。

● Teachify 開課快手

網址：https://teachify.tw/

Teachify開課快手是臺灣的開課平台，旨在讓創作者可以自行架站與開課，快速設立會員系統與串接金流。Teachify平台上除了可以販售影音課程以外，也可以販售音頻課程與檔案，或建立免費或付費直播活動。

創作者可以在Teachify平台上自訂網站色調、介面、自訂網域、課程單價與組合售價，此外也可以設定會員訂閱制，讓學生可以在註冊訂閱後，於訂閱效期內瀏覽創作者提供的所有課程。

TIPS

本附錄所列的平台清單與功能，其相關資訊仍會持續變動，建議讀者可直接前往該平台，了解最新的相關資訊。

國家圖書館出版品預行編目資料

線上教學×課程製作全攻略 / 彭其捷、郭俊東 著. -- 初版. -- 臺北市 : 商周出版,
　城邦文化事業股份有限公司出版 : 英屬蓋曼群島商家庭傳媒股份有限公司
　城邦分公司發行；2024.01
　　面； 公分
　ISBN 978-626-318-999-7（平裝）

　1. CST: 遠距教學　2. CST: 數位學習　3. CST: 課程規劃設計

　521.52　　　　　　　　　　　　　　　　　　　　112021510

線上教學 × 課程製作全攻略

作　　　　　者	/	彭其捷、郭俊東
企 畫 選 書	/	劉俊甫
責 任 編 輯	/	楊如玉

版　　　　　權	/	吳亭儀
行 銷 業 務	/	周丹蘋、賴正祐
總 編 輯	/	楊如玉
總 經 理	/	彭之琬
事業群總經理	/	黃淑貞
發 行 人	/	何飛鵬
法 律 顧 問	/	元禾法律事務所　王子文律師
出　　　　　版	/	商周出版

城邦文化事業股份有限公司
臺北市中山區民生東路二段141號9樓
電話：(02) 2500-7008 傳真：(02) 2500-7759
E-mail：bwp.service@cite.com.tw

發　　　　　行	/	英屬蓋曼群島商家庭傳媒股份有限公司城邦分公司

臺北市中山區民生東路二段141號11樓
書虫客服務專線：(02) 2500-7718‧(02) 2500-7719
服務時間：週一至週五09:30-12:00‧13:30-17:00
24小時傳真服務：(02) 2500-1990‧(02) 2500-1991
郵撥帳號：19863813　戶名：書虫股份有限公司
E-mail：service@readingclub.com.tw
歡迎光臨城邦讀書花園 網址：www.cite.com.tw

香 港 發 行 所	/	城邦（香港）出版集團有限公司

香港九龍九龍城土瓜灣道86號順聯工業大廈6樓A室
電話：(852) 2508-6231　　傳真：(852) 2578-9337
E-mail：hkcite@biznetvigator.com

馬 新 發 行 所	/	城邦（馬新）出版集團 Cité (M) Sdn. Bhd.

41, Jalan Radin Anum, Bandar Baru Sri Petaling,
57000 Kuala Lumpur, Malaysia
電話：(603) 9057-8822　傳真：(603) 9057-6622
E-mail：services@cite.my

封 面 設 計	/	李東記
版 型 設 計	/	鍾瑩芳
排　　　　　版	/	新鑫電腦排版工作室
印　　　　　刷	/	高典印刷有限公司
經 銷 商	/	聯合發行股份有限公司

電話：(02) 2917-8022　傳真：(02) 2911-0053
地址：新北市231新店區寶橋路235巷6弄6號2樓

■2024年1月初版
定價 500元

Printed in Taiwan
城邦讀書花園
www.cite.com.tw

| 廣　告　回　函 |
| 北區郵政管理登記證 |
| 台北廣字第000791號 |
| 郵資已付，免貼郵票 |

104台北市民生東路二段141號11樓

英屬蓋曼群島商家庭傳媒股份有限公司　城邦分公司

請沿虛線對摺，謝謝！

| 書號：BK5213 | 書名：線上教學×課程製作全攻略 | 編碼： |

讀者回函卡

感謝您購買我們出版的書籍！請費心填寫此回函卡，我們將不定期寄上城邦集團最新的出版訊息。

線上版讀者回函卡

姓名：＿＿＿＿＿＿＿＿＿＿＿＿＿＿＿＿＿＿＿＿ 性別：□男 □女

生日：西元＿＿＿＿＿＿＿年＿＿＿＿＿＿＿月＿＿＿＿＿＿日

地址：＿＿＿＿＿＿＿＿＿＿＿＿＿＿＿＿＿＿＿＿＿＿＿＿＿＿

聯絡電話：＿＿＿＿＿＿＿＿＿＿＿ 傳真：＿＿＿＿＿＿＿＿＿＿

E-mail ：

學歷：□ 1. 小學 □ 2. 國中 □ 3. 高中 □ 4. 大學 □ 5. 研究所以上

職業：□ 1. 學生 □ 2. 軍公教 □ 3. 服務 □ 4. 金融 □ 5. 製造 □ 6. 資訊

□ 7. 傳播 □ 8. 自由業 □ 9. 農漁牧 □ 10. 家管 □ 11. 退休

□ 12. 其他＿＿＿＿＿＿＿＿＿＿

您從何種方式得知本書消息？

□ 1. 書店 □ 2. 網路 □ 3. 報紙 □ 4. 雜誌 □ 5. 廣播 □ 6. 電視

□ 7. 親友推薦 □ 8. 其他＿＿＿＿＿＿＿＿

您通常以何種方式購書？

□ 1. 書店 □ 2. 網路 □ 3. 傳真訂購 □ 4. 郵局劃撥 □ 5. 其他＿＿＿＿

您喜歡閱讀那些類別的書籍？

□ 1. 財經商業 □ 2. 自然科學 □ 3. 歷史 □ 4. 法律 □ 5. 文學

□ 6. 休閒旅遊 □ 7. 小說 □ 8. 人物傳記 □ 9. 生活、勵志 □ 10. 其他

對我們的建議：＿＿＿＿＿＿＿＿＿＿＿＿＿＿＿＿＿＿＿＿＿＿＿＿

＿＿＿＿＿＿＿＿＿＿＿＿＿＿＿＿＿＿＿＿＿＿＿＿＿＿＿＿＿＿＿

＿＿＿＿＿＿＿＿＿＿＿＿＿＿＿＿＿＿＿＿＿＿＿＿＿＿＿＿＿＿＿